多重債務の正しい解決法

「解決できない借金問題はない」

宇都宮健児
弁護士

- ①任意整理・特定調停
  元金は減る。将来の金利もつかない
- ②自己破産・免責
  裁判所の決定で借金から解放
- ③過払い金請求
  払い過ぎたお金は取り戻せる
- ④個人再生
  住宅を守りたいときに
- ⑤相談窓口
  整理屋・ヤミ金に手を出すな

花伝社

多重債務の正しい解決法——解決できない借金問題はない◆もくじ

はしがき――画期的な新貸金業法が成立

深刻化する多重債務問題に対処するため、二〇〇六年一二月一三日新貸金業法（貸金業規制法、出資法、利息制限法などの改正法）が成立し、同年一二月二〇日に公布されました。新貸金業法では、金利規制や貸金業規制（参入規制、過剰貸付規制など）が大幅に強化されています。

すなわち、新貸金業法では、公布から概ね三年（二〇〇九年一二月二〇日）を目途に、貸金業規制法四三条のみなし弁済規定（グレーゾーン金利）を廃止する、刑罰が科される出資法の上限金利を年二九・二％から年二〇％に引き下げる、出資法の上限金利年二〇％と利息制限法の制限金利（年一五〜二〇％）との間の金利での貸付けを禁止し、違反すれば行政処分の対象とする、日賦貸金業者（日掛け金融）などの特例金利を廃止する、保証料も利息と合算して規制する、などの金利規制の強化が行われています。

また、新貸金業法では参入規制が強化され、五〇〇〇万円以上の純資産を保有していなければ貸金業の登録ができなくなります。

さらに、新貸金業法では、過剰貸付規制の強化が図られています。新貸金業法では、指定信用情報機関制度を創設し、貸金業者は借り手の総借入残高を把握できる仕組みを整備するとともに、総借入残高が年収の三分の一を超える貸付けは禁止するという総量規制を導入し、違反すれば行政処分の対象となります。

新貸金業法は、公布から概ね三年を目途に完全施行されることになっています。

このように、貸金業法の公布から概ね三年後以降においては、金利規制や貸金業規制が大幅に強化されるので、多重債務者の発生も大幅に抑制されることになると思われます。

しかしながら、現在のサラ金の利用者は約一四〇〇万人存在しており、返済困難に陥っている多重債務者は二〇〇万人を超えると言われています。

新貸金業法が成立したことにより、一部の大手サラ金業者の中には、人員削減や店舗縮小の動きがありますし、中小のサラ金業者の中には廃業の動きが出てきています。このため、今後多重債務者に対する貸し渋りや貸し剥がしが発生する可能性があり、返済資金に窮した多重債務者がヤミ金融の餌食となる危険性があります。

政府は、現在存在する多重債務者対策に取り組むために、新貸金業法成立後、二〇〇六年一二月二二日、内閣官房に「多重債務者対策本部」を設置しています。二〇〇七年四月二〇日には、同対策本部が「多重債務問題改善プログラム」を決定し、①丁寧に事情を聞いてアドバイスを行う相談窓口の整備・強化、②借りられなくなった人に対する顔の見えるセーフティネット貸付けの提供、③多重債務者発生予防のための金融経済教育の強化、④ヤミ金の撲滅に向けた取締りの強化などに取り組んでいます。

この多重債務問題改善プログラムの決定を受けて、現在、全国各地の都道府県において、都道府県の関係部署、都道府県警察、弁護士会、司法書士会、多重債務者支援団体などが参加した「多重債務者対策本部（又は協議会）」が設置されてきています。

また、二〇〇七年一二月一〇日から一二月一六日までの一週間を「全国一斉多重債務者相談ウィーク」として、全国各地の都道府県市町村において多重債務者向けの無料相談会が実施される予定となっています。

どんなに多額の借金を抱えていても、必ず解決する方法があります。したがって、たかが借金のために大切な命を失ったり、夜逃げすることはありません。

本書が、クレジット・サラ金・商工ローン・ヤミ金融などから多額の債務を抱えて苦しんでいる人々にとっての救済の一助となるとともに、多重債務被害根絶のために少しでも役立てば幸いです。

二〇〇七年一〇月

弁護士　宇都宮　健児

一章

多重債務問題の現状

1 自己破産の現状

(1) 二〇〇六年の個人の自己破産は一六万五九一七件

二〇〇六年一年間における個人の自己破産申立件数は、一六万五九一七件となっています。個人の自己破産申立件数は、二〇〇三年の二四万二三五七件をピークにやや減少傾向となっていますが、引き続き高水準を保っています。この一〇年間に自己破産申立てをした人は、一六〇万人を超えています。

個人の自己破産申立ての大半は、クレジット・サラ金（消費者金融）・商工ローン・ヤミ金融などから多額の債務を抱えて返済困難に陥った会社員、パート・アルバイト、主婦、年金生活者、生活保護受給者、中小零細事業者などの自己破産申立てとなっています。

(2) 生活苦や低所得など貧困を原因とする自己破産が多数を占めている

クレジット・サラ金・商工ローン・ヤミ金融の利用者の拡大や返済困難に陥る多重債務者の増加の背景には、貯蓄ゼロ世帯の増加、生活保護受給世帯の増加、非正規雇用の増加、働く貧

個人の自己破産申立件数の年別推移

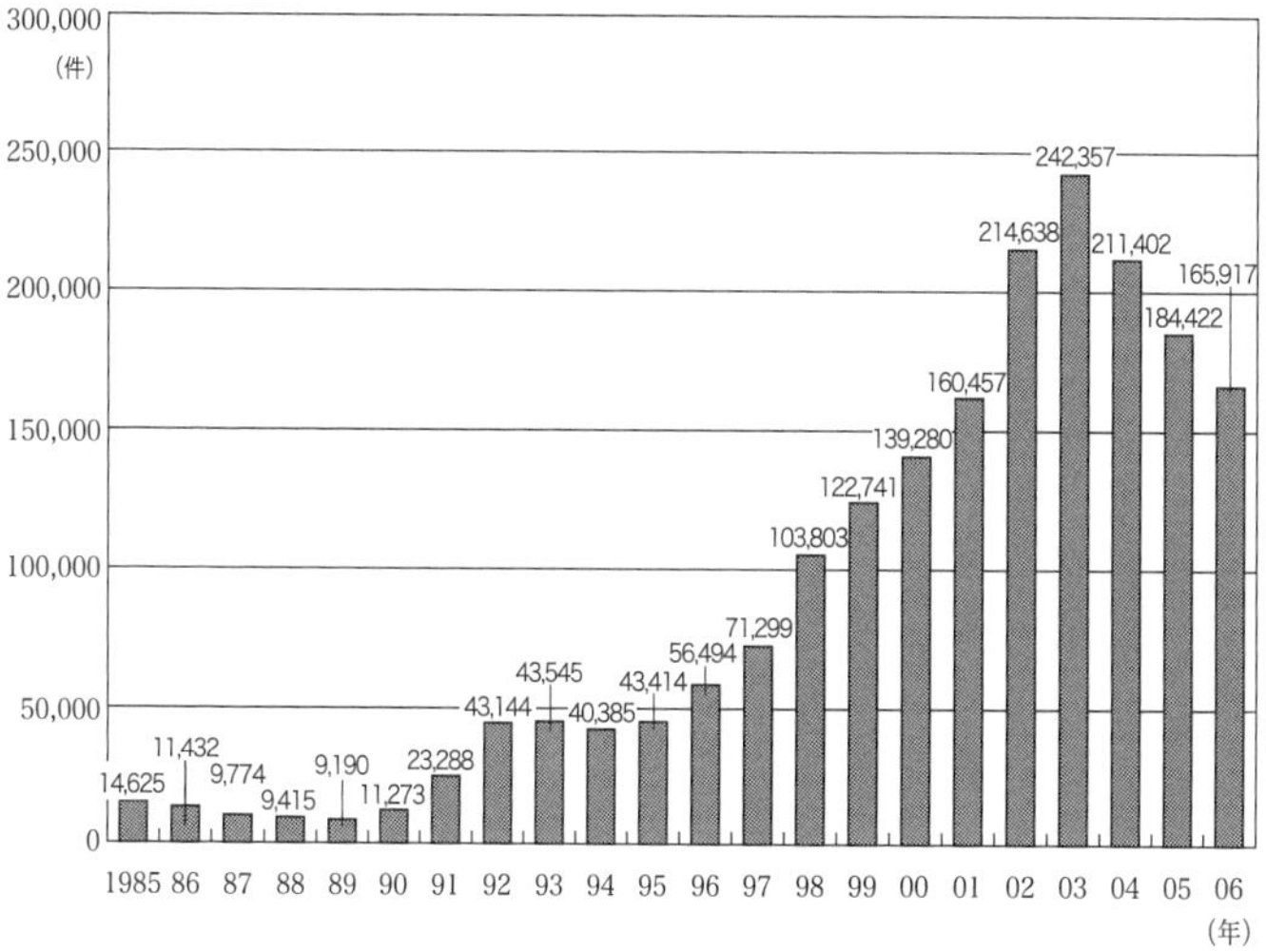

(司法統計年報)

困層（ワーキングプア）の増加、ネットカフェ難民の増加などに象徴される貧困と格差の拡大問題があります。

最近の自己破産も生活苦や低所得など貧困を原因とする自己破産が多数を占めています。

日本弁護士連合会消費者問題対策委員会の「二〇〇五年破産事件記録調査」によると、破産原因は、「生活苦・低所得」二四・四七％、「負債の返済（保証以外）」一二・七八％、「保証債務・第三者の債務の肩代わり」九・九二％、「病気・医療費」九・〇六％、「事業資金」七・四一％、「失業・転職」七・一七％、「給料の減少」四・六五％、「住宅購入」四・二七％、「教育資金」三・二四％、「生活用品の購入」三・二〇％、「浪費・遊興費」二・九七％、「名

義貸し」一・六二%、「ギャンブル」一・三四%、「冠婚葬祭」〇・九三%、「投資（株式・会員権・不動産など）」〇・三一%となっています。

「生活苦・低所得」「病気・医療費」「失業・転職」「給料の減少」など貧困を原因とする破産原因は、破産原因の中で四五・三五%を占めており、自己破産者のほぼ二人に一人は、貧困が原因となって自己破産しているということになります。

破産申立者の年齢は、「二〇歳代」一二・八〇%、「三〇歳代」二三・九五%、「四〇歳代」二三・八七%、「五〇歳代」二二・〇四%、「六〇歳代」一四・二〇%、「七〇歳代以上」三・〇五%となっています。

破産申立者の月収は、「五万円未満」三三%、「五万円以上一〇万円未満」一四%、「一〇万円以上一五万円未満」一八%、「一五万円以上二〇万円未満」一四%、「二〇万円以上二五万円未満」一一%、「二五万円以上三〇万円未満」四%、「三〇万円以上」五%となっており、月収二〇万円未満の低所得層が約八割を占めています。

破産申立者の家族構成は、「単身」一九%、「二人」二四%、「三人」二三%、「四人」一八%、「五人」九%、「六人」三%、「七人」二%、「八人」一%となっており、約八割が家族のいる破産申立者となっています。

破産申立者の職業は、「給与所得者（常勤、派遣社員含む）」三六・九三%、「無職」二八・〇五%、「パート・アルバイト・期間社員」二〇・一二%、「自営・自由業」六・七九%、「年

2005年破産事件記録調査（日本弁護士連合会　消費者問題対策委員会）

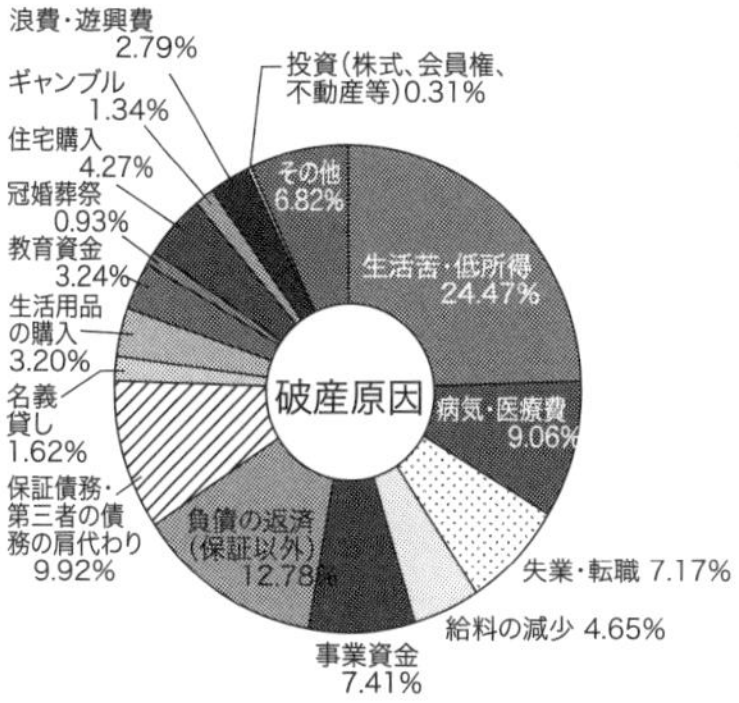

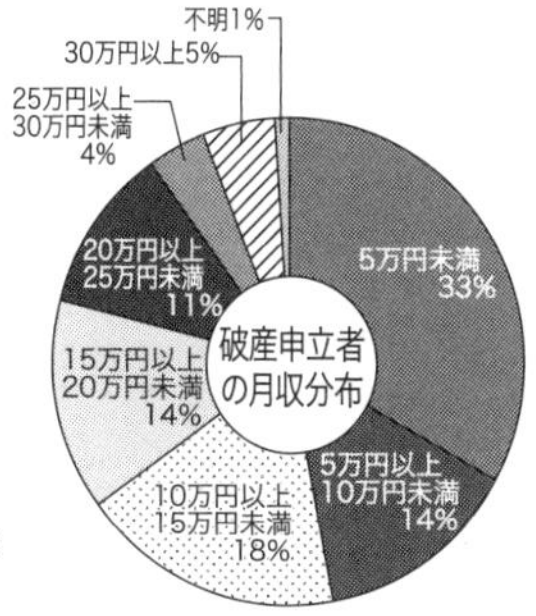

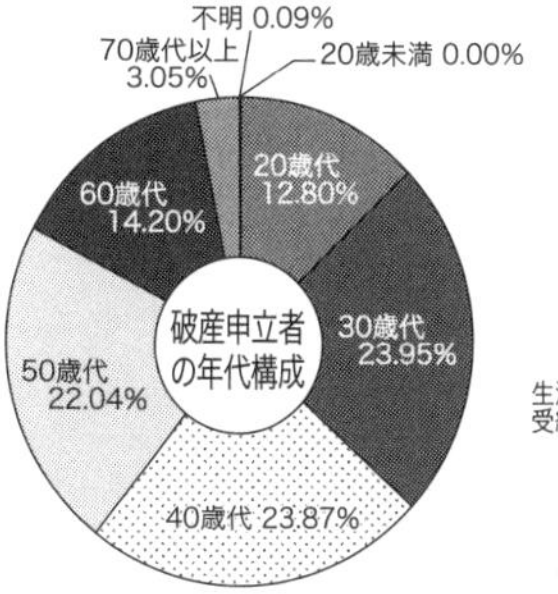

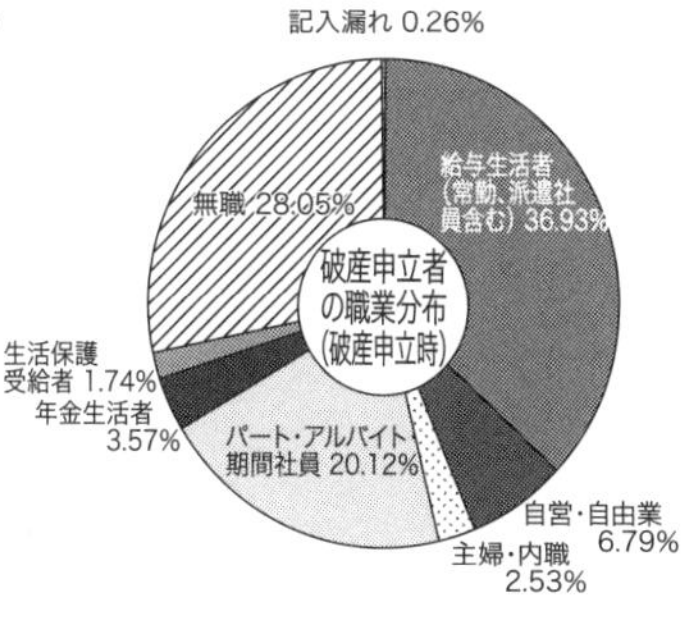

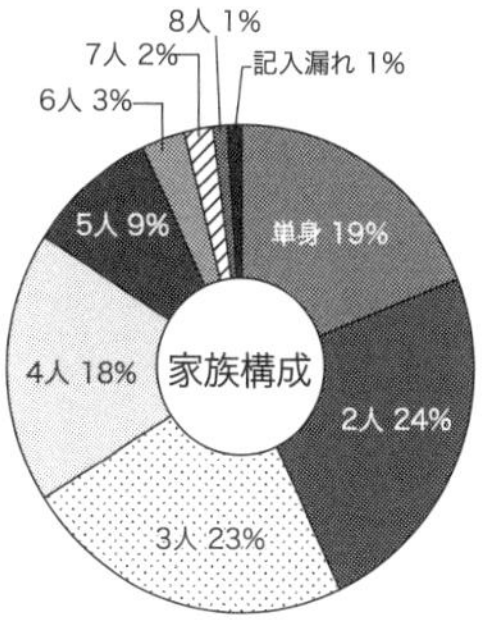

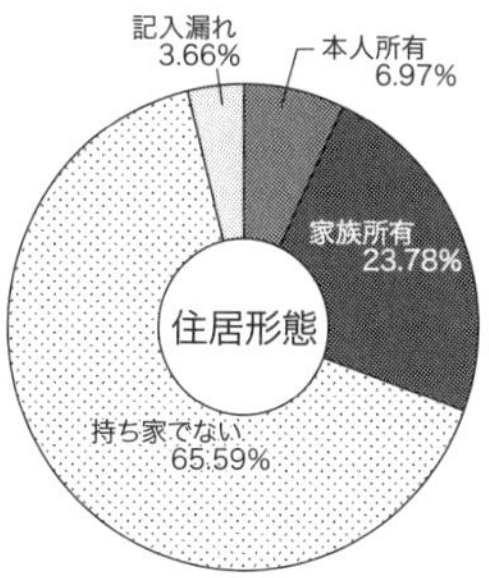

金生活者」三・五七％、「主婦・内職」二一・五三％、「生活保護受給者」一一・七四％などとなっています。

日本弁護士連合会消費者問題対策委員会の「二〇〇二年破産事件記録調査」と比較すると、「無職」（二六・六三％→二八・〇五％）、「パート・アルバイト・期間社員」（一七・一二％→二〇・一二％）などの自己破産者の占める割合が増加しています。

破産申立者の住居形態は、「本人所有」六・七九％、「家族所有」二三・七八％、「持ち家でない」六五・五九％などとなっており、破産申立ての九三％は住居を持っていない人の破産申立てとなっています。

日本弁護士連合会消費者問題対策委員会による破産事件記録調査結果を見ると、生活苦・低所得などの貧困を原因とする破産の増加という最近の自己破産の特徴が浮かび上がります。

2 多重債務者の現状

(1) 二〇〇万人を超える多重債務者が存在する

サラ金（消費者金融）やクレジットなどから借金をして返済困難になった人を多重債務者と

言っていますが、サラ金の利用者は一四〇〇万人を突破したと言われています。

サラ金（消費者金融）系の信用情報機関である全国信用情報センター連合会（全情連）によれば、二〇〇六年五月二二日現在、債務を抱えている利用者は約一四〇〇万人ということです。国民の九人に一人がサラ金の債務を抱えていることになります。

わが国におけるクレジットカードの発行枚数は、二〇〇六年三月末現在二億八九〇五万枚に上っています。国民一人あたり二枚のクレジットカードを保有している計算となります。

クレジット・サラ金の利用者が増加する中で、返済困難に陥る多重債務者も増加してきています。

全情連の調べによれば、二〇〇六年五月二二日現在、債務を抱えている約一四〇〇万人の利用者のうち、約二六七万人が三か月以上にわたり返済が滞っているということです。また、五社以上から借入れのある利用者は、約二三〇万人に達しているということです。

三か月以上にわたって返済が滞っている利用者や五社以上から借入れのある利用者の多くは、既に返済困難に陥っている多重債務者と推定されます。

多重債務問題の大きな要因となってきたのが、クレジット・サラ金・商工ローンなど貸金業者の高金利です。

現在、基準貸付利率（従来「公定歩合」とされていたもの）は年〇・七五％、銀行の普通預金金利は年〇・二％という超低金利状態であるにもかかわらず、貸金業者の貸出金利の大半は年二五～二九・二％の高金利となっています。

このような貸金業者の貸出金利は、民事的効力（有効・無効）の限界となる金利を定めている利息制限法の制限金利（年一五～二〇％）は超えるが、刑罰が科される出資法の上限金利（年二九・二％）以下のいわゆる「グレーゾーン金利」となっています。

大手サラ金業者は、銀行から年二％前後の低金利で資金調達をして、年二五～二九・二％もの高金利で貸出しをしているので、莫大な利ざやが生じ、貸せば貸すほど利益が上がる状態となっています。このため、多くの大手サラ金業者の営業担当社員には、貸出残高を伸ばすノルマが課されています。

また、利用者の給与明細や源泉徴収票などを提出させることなく、収入に関しては自己申告で、運転免許証や健康保険証があれば簡単に融資をするので、利用者の支払能力を超えた過剰貸付けが行われやすい状態となっています。過剰貸付けは、返済困難に陥る多重債務者を生み出す大きな要因となっています。

さらに、返済困難に陥った多重債務者を放置していたら貸倒れとなってしまうので、貸倒れを少しでも減らすために、不良債権の回収を行う管理部門の担当社員にもノルマが課されているのが一般的です。このことが、サラ金業者の苛酷な取立ての要因となっています。

二〇〇六年四月一四日には、サラ金大手のアイフルが、債務者本人や債務者の親族に対する違法取立てを理由に全店舗業務停止の行政処分を受けています。

無担保無保証貸付の件数ごとの顧客数および残高金額等

全国信用情報センター連合会　2006年5月22日現在

借入件数	顧客数			残高金額			一件当たり残高金額	一人当たり残高金額	延滞情報のみが1件でも付帯する顧客数	
	（人）	構成比	構成比累積	（百万円）	構成比	構成比累積	（万円）／（件）	（万円）／（人）	（人）	比率（÷顧客数）
0件（完済）（※）	1,868,695	11.8%	11.8%	0	0.0%	0.0%	-	0.0	0	0.0%
1件	5,982,808	37.7%	49.5%	2,153,469	15.2%	15.2%	36.0	36.0	576,837	9.6%
2件	2,701,967	17.0%	66.5%	2,341,298	16.5%	31.7%	43.3	86.7	518,436	19.2%
3件	1,740,927	11.0%	77.5%	2,291,595	16.1%	47.8%	43.9	131.6	465,688	26.7%
4件	1,275,743	8.0%	85.6%	2,161,184	15.2%	63.0%	42.4	169.4	397,710	31.2%
5件	993,210	6.3%	91.8%	2,041,973	14.4%	77.4%	41.1	205.6	312,574	31.5%
6件	646,754	4.1%	95.9%	1,508,820	10.6%	88.0%	38.9	233.3	202,021	31.2%
7件	364,183	2.3%	98.2%	923,482	6.5%	94.5%	36.2	253.6	112,850	31.0%
8件	170,260	1.1%	99.3%	455,190	3.2%	97.7%	33.4	267.3	53,994	31.7%
9件	68,954	0.4%	99.7%	188,827	1.3%	99.1%	30.4	273.8	22,382	32.5%
10件	27,554	0.2%	99.9%	77,402	0.5%	99.6%	28.1	280.9	9,078	32.9%
11件以上	18,585	0.1%	100.0%	53,298	0.4%	100.0%	24.5	286.8	6,892	37.1%
合計（保有件数0件含む）	15,859,640	100.0%		14,196,537	100.0%		39.9	89.5（平均）	2,678,462	16.9%
合計（保有件数0件含まず）	13,990,945	88.2%						101.5		19.1%

※包括契約は残高ゼロであっても極度額の範囲内でいつでも借入れ可能なため、完済に含めていない。

また、二〇〇七年四月四日には、サラ金準大手の三和ファイナンスが、千葉支店の担当者が親族に返済させるよう借り手に求め一緒に車に乗ることを強要して親族宅に同行した、本社の担当者が借り手の家への電話で「子どもを学校に送っていて不在」と告げた妻に「学校名を教えろ」と迫った、過払い利息の返還で証拠となる取引履歴がないとうそをついた、和解で借金を棒引きしたのに取り立てたなどの貸金業規制法違反行為があったとして、全店舗業務停止の行政処分を受けています。

二〇〇六年一二月一三日に成立した新貸金業法（貸金業規制法、出資法、利息制限法などの改正法）では、新貸金業法の公布（二〇〇六年一二月二〇日）から概ね三年を目途に貸金業規制法四三条の「みなし弁済規定」（グレーゾーン金利）を廃止し、出資法の上限金利を年二九・二％から年二〇％に引き下げ、利息制限法の制限金利（年一五〜二〇％）を超える金利での貸付けは禁止されることになっています。したがって、新貸金業法の公布から概ね三年後からは、サラ金は、利息制限法の制限金利（年一五〜二〇％）を超える貸付けができなくなります。

(2) 自転車操業による借金の雪だるま式増加

多重債務者は、自分の収入では借金の返済ができなくなっています。返済しないとクレジット・サラ金業者から厳しい取立てを受けることになり、特に職場に取立ての電話があれば職場

「まわし」（自転車操業）現象に見る負債額シミュレーション

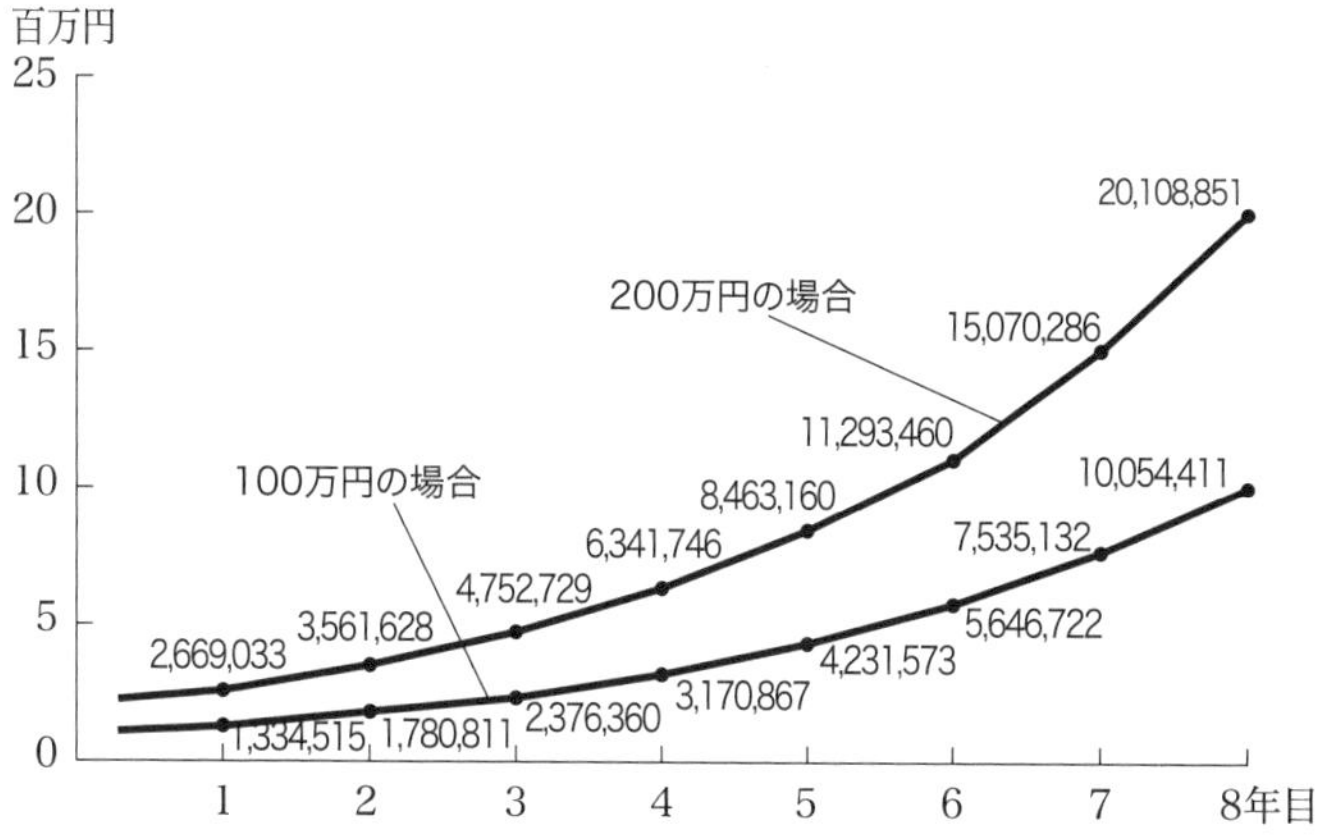

注：100万円または200万円の借金の利息を毎月カードでキャッシングをしたり、サラ金から借り入れて支払うことを繰り返した場合（年利29.2%として計算）

に居づらくなります。現在は、不況のまっただ中であり、職場にクレジット・サラ金業者の取立ての電話が何度もかかってくるとリストラの対象になるので、何とか電話が来ないようにするために、新しいサラ金やクレジットカードで借金をして自転車操業をしているわけです。

　私の事務所には、こういう自転車操業を続けた結果、合計一〇八社から約一億三〇〇〇万円もの借金を抱えた会社員が相談に飛び込んできたことがあります。この会社員は、一部上場企業に勤める五一歳の部長でしたが、この会社員の毎月の返済必要額は七〇〇万円から八〇〇万円に上っていました。この会社員の手取り月収は約五〇万円で、ボーナスも夏冬一五〇万円ずつ年間三〇〇万円もらっていましたが、ボーナス月でもとても返済が間に合わないわけです。そのため、この会社員は長期間にわたって自転車操業を繰り返してきたわけです。

クレジット・サラ金業者から年利二九・二％で二〇〇万円の借金をしている債務者が、借金を返済するために同じく年利二九・二％で他のサラ金から借金したりクレジットカードでキャッシングをして返済を繰り返した場合、債務額は三年間で約四七五万円に、六年間で約一一三〇万円にふくれ上がってしまうことになります。

(3) 借金苦による自殺・夜逃げ・ホームレス・犯罪の増加

弁護士会や司法書士会、日本司法支援センター（愛称・法テラス）などの適切な相談窓口を知らない多重債務者の中には、債権者の苛酷な取立てや多重債務を苦にして、自殺や夜逃げをする多重債務者も少なくありません。

警察庁のまとめによれば、二〇〇六年の全国の自殺者数は三万二一五五人となっており、九年連続で三万人を超えたということですが、そのうち経済・生活苦による自殺者は、六九六九人となっているということです。したがって、自殺者のうち四人に一人は、経済・生活苦による自殺者ということになります。経済・生活苦の自殺者の中には、多重債務を苦にした自殺者が多数含まれています。

最近の自殺者総数と経済苦・生活苦による自殺者数の推移

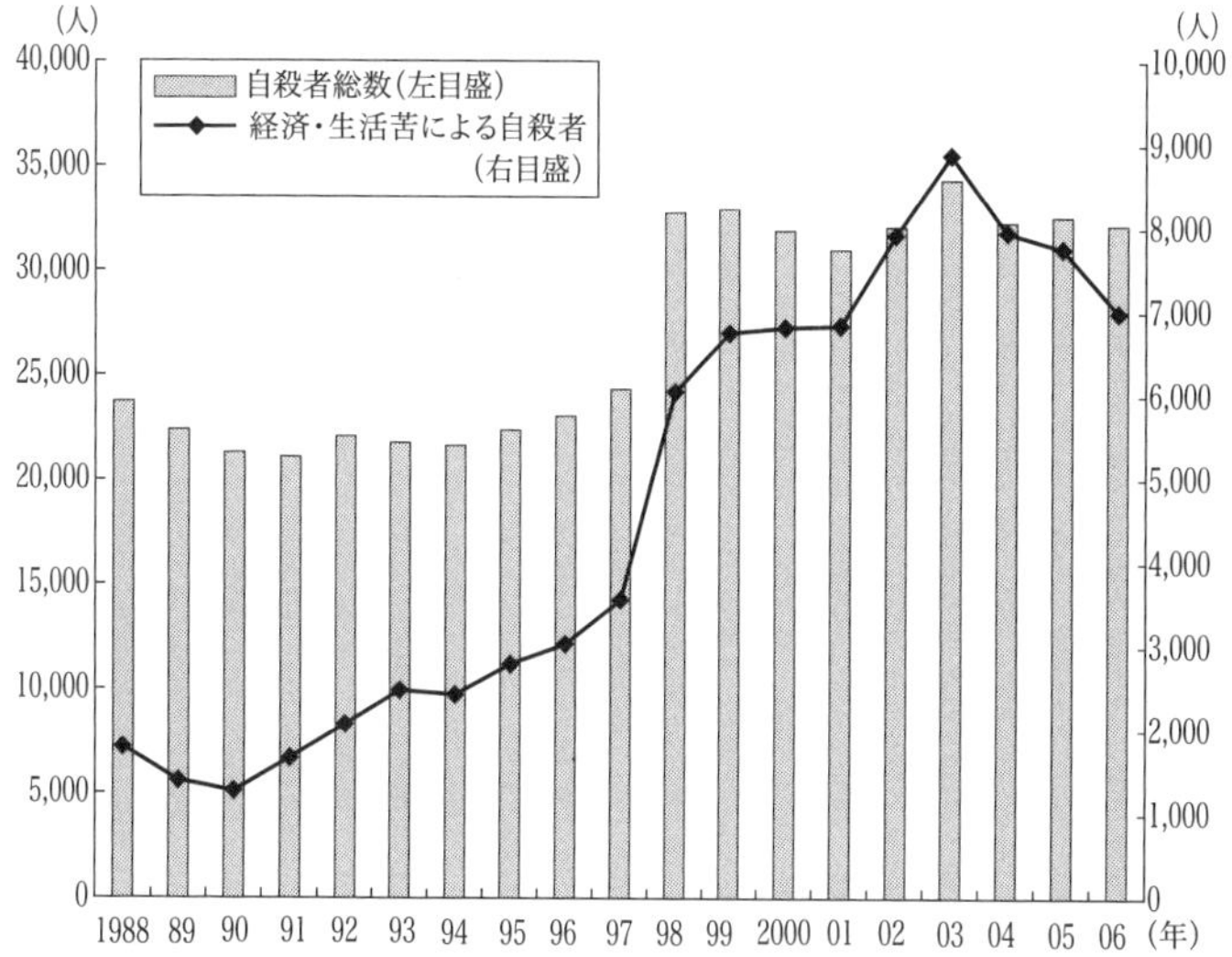

(警察庁調べ)

二〇〇六年には、サラ金が債権回収のために借り手に生命保険を掛けていることが、無担保・無保証のはずなのに「命を担保にしている」と問題になりました。

金融庁の調査によれば、消費者信用団体生命保険に加入するサラ金一七社が、二〇〇五年度において借り手が死亡することにより保険金を受領した件数は五万一九九七件で、受領額は三〇二億円であったということです。また、このうち死因が判明しているケースは、全体の三九・四%の二万五〇三件であり、その中で借り手が自殺したことにより保険金が支払われたケースは四九〇八件に上り、二三・九%を占めていたということです。

債権者の苛酷な取立てや多重債務を苦にした夜逃げも多発しています。多重債務者の夜逃げは、年間十数万人に上ると言われており、その中にはホームレスになる人も多数存在します。

また、多重債務を原因とする犯罪も多発しており、児童虐待や家庭内暴力（DV）の背景にも多重債務問題があることが多いと言われています。

⑷ 整理屋・紹介屋・提携弁護士・提携司法書士による二次被害の増加

実態は整理屋・紹介屋のNPOや提携弁護士・提携司法書士の宣伝広告に注意

このところ、弁護士会や司法書士会などの適切な相談窓口を知らない多重債務者やヤミ金融被害者を食い物にする整理屋・紹介屋・提携弁護士・提携司法書士などによる二次被害が急増しています。

整理屋・紹介屋グループの中では、NPOや被害者の会を名乗る整理屋・紹介屋グループが増加してきているのが最近の特徴です。

NPOを名乗る整理屋・紹介屋グループには、特定非営利活動法人（NPO法人）の認証を得ていないのにNPOを名乗っている整理屋・紹介屋も存在しますが、中にはちゃんと内閣府や都道府県などでNPO法人の認証を得た上で、「一人で悩んでいませんか」「借金苦解決」「ヤミ金苦解決」などと宣伝して多重債務者やヤミ金融被害者を集めている整理屋・紹介屋も多くなっています。これらのNPOの中には、図々しくも各地の消費者センターにチラシやポスターの配備を申請するNPOも出てきています。

また、被害者の会を名乗る整理屋・紹介屋グループでは、「全国クレジット・サラ金被害者連絡協議会」（被連協）に加盟する被害者の会と似たような名称を使用する整理屋・紹介屋が多くなっています。

このような、整理屋・紹介屋グループの一部は、ヤミ金融と同じく暴力団やエセ右翼団体の資金源になっているものと思われます。

NPOや被害者の会などを名乗る整理屋・紹介屋グループは、新聞の折込広告やスポーツ新聞、夕刊紙、雑誌、インターネットなどで広告したり、郵便受けにチラシを配布したり、ヤミ金融業者と同様に多重債務者やヤミ金融被害者の名簿を不正に入手してダイレクトメールを送付するなどして、多重債務者やヤミ金融被害者を集めています。

整理屋・紹介屋グループは、おとり広告で集めた多重債務者やヤミ金融被害者を提携弁護士・提携司法書士の事務所に紹介して紹介料を受領しています。

また、整理屋グループの中には、提携弁護士の事務所は紹介することなく、自らが債務整理を引き受けて多重債務者やヤミ金融被害者から高額な手数料を受領する整理屋も存在します。

このような整理屋の債務整理は、全く杜撰《ずさん》であり、根本的解決とは程遠いものであることはいうまでもありません。中には、手数料を騙し取ることだけを目的とする詐欺的整理屋グループも存在します。

整理屋・紹介屋が多重債務者を提携弁護士や提携司法書士の事務所に紹介して紹介料を受領したり、弁護士資格のない整理屋が債務整理事件を受任して手数料を受領することは、弁護士法七二条違反となり、二年以下の懲役または三〇〇万円以下の罰金に処せられることになっています。

これらの整理屋・紹介屋と提携している弁護士・司法書士も、弁護士法二七条または七二条違反となり、二年以下の懲役または三〇〇万円以下の罰金に処せられることになっています。

二〇〇七年五月三〇日、警視庁保安課が整理屋グループ一一人を弁護士法違反（非弁行為）容疑で逮捕しています。

この整理屋グループは、ＮＰＯ法人の認証を取得して活動しており、債務者から債務整理の報酬を受け取る一方で、毎月約一〇〇万円の名義貸料を弁護士に支払っていたということです。

整理屋や紹介屋と提携するいわゆる提携弁護士は、東京の三弁護士会所属の弁護士を中心に一〇〇人以上は存在するといわれています。

提携弁護士や提携司法書士の事務所には、通常整理屋が入り込んでおり、広告で集めたり紹介屋などから紹介を受けた多重債務者のクレジット・サラ金事件、債務整理事件は整理屋が中心となって処理しています。このため、提携弁護士や提携司法書士の事務所では、弁護士や司法書士はほとんど多重債務者と面談しないか面談するとしてもほんの四～五分程度です。提携弁護士や提携司法書士の事務所では、事務所経営の主導権も整理屋が握っていることが多く、提携弁護士や提携司法書士には整理屋から顧問料名目で名義貸料（月額五〇〜二〇〇万円位が相場といわれている）が支払われています。

提携弁護士や提携司法書士の事務所では、年間数千件の多重債務者の債務整理事件を取り扱っています。提携弁護士や提携司法書士の多くは東京に集中していますが、東京の提携弁護士や提携司法書士の事務所に債務整理を依頼している多重債務者の大半は東京都民以外の多重債務者であり、北海道から九州沖縄まで日本全国に及んでいます。

提携弁護士や提携司法書士の事務所では、大量のクレジット・サラ金事件、債務整理事件を取り扱っているため多くの事務員を雇っており、多いところでは一つの提携弁護士の事務所で一〇〇人以上の事務員を雇っている事務所も出現してきています。

さらに、日本弁護士連合会が、二〇〇〇年一〇月一日より弁護士業務広告を原則解禁（自由化）したため、このところ提携弁護士の広告が激増しています。

二〇〇二年年七月四日に東京弁護士会より非弁提携を理由として退会命令の懲戒処分を受けたK弁護士は、アルバイトを含めると一〇〇人近くの事務員を雇い約七〇〇〇人もの多重債務者の債務整理事件を取り扱っていたのですが、多重債務者からの預り金のうち約五億五〇〇〇万円の返還が不能となり、被害にあった多重債務者らの破産申立てにより、二〇〇三年三月三一日に東京地方裁判所で破産宣告を受けています。

このK弁護士は、弁護士業務広告解禁後、JR・私鉄・地下鉄・都バス・日刊スポーツ・毎日新聞・週刊実話・週刊大衆・週刊漫画・インターネットなどで大量の弁護士広告を行って多重債務者を集めていました。

現在、JRや私鉄・地下鉄・スポーツ新聞・夕刊紙・週刊誌・インターネットなどに出されている弁護士や司法書士広告の大半は、「借金苦・ヤミ金苦解決」「一人で悩まず今すぐ相談を」「サラ金・クレジット・商工ローンの債務整理やります」「自己破産・個人再生手続・任意整理が専門です」というような債務整理を強調する提携弁護士や提携司法書士の広告となっています。

このところ、提携司法書士が増加している背景には、司法書士法が改正されて二〇〇三年四月一日より、法務大臣の認定を受けた司法書士については、簡易裁判所の訴訟代理権を取得できることになったことがあります。簡易裁判所の訴訟代理権を取得した司法書士は、「認定司法書士」と呼ばれていますが、このような司法書士が多重債務者から債務整理の依頼を受けて受任通知を出すと、貸金業規制法二一条により貸金業者の多重債務者本人への取立行為が禁止されます。この結果、これまでは弁護士が行ってきた任意整理を、認定司法書士も行うことが可能となりました。

整理屋は、認定司法書士と提携して、認定司法書士の名前で受任通知を出せば、貸金業者の取立てを止めさせることができるので、弁護士だけでなく認定司法書士も利用するようになってきたのです。

このように、提携弁護士や提携司法書士の広告が激増していますので、弁護士や司法書士を知らない多重債務者は、地元の弁護士会や司法書士会の相談窓口で弁護士や司法書士を紹介してもらうのが安全・安心です。

3 商工ローン・日掛け金融被害の現状

(1) 商工ローン被害

商工ローンは、中小零細事業者向けのサラ金といってもよい高利金融業者です。

商工ローンもサラ金と同様、年二五～二九・二％もの高金利で貸付けを行っています。商工ローンの貸付けの対象となるのは、銀行などの金融機関から融資が受けられない中小零細事業者です。

このような経営難・資金難に陥っている中小零細事業者を格好のターゲットとして、日栄（現「ロプロ」）・商工ファンド（現「ＳＦＣＧ」）をはじめとする商工ローン業者が急速に融資を拡大して苛酷な督促・取立てを繰り返したため、一九九九年頃より商工ローン問題は大きな社会問題となってきました。

サラ金が無担保・無保証で二〇〜五〇万円程度を限度として貸付けをするのに対して、商工ローンは担保や保証人をとって一〇〇〜五〇〇万円、場合によっては一〇〇〇〜五〇〇〇万円という高額な貸付けを行っています。

商工ローンは、貸付けの対象がもともと経営難・資金難に陥っている中小零細事業者であることや貸付金額がサラ金と比較して高額であることから、貸付けにあたり手形や不動産などさまざまな担保をとったり保証人をとったりしているのが一般的です。

サラ金問題では、サラ金の高金利、過剰融資、苛酷な取立てのいわゆる「サラ金三悪」が問題となりましたが、商工ローン問題では、高金利、過剰融資、苛酷な取立てという「三悪」に加えて、「根保証問題」が大きな問題となりました。

商工ローンの保証契約は、「根保証契約」という独特の契約形態をとっています。

根保証契約は、「継続的取引関係から生ずる不特定の債務に関し、一定期間、一定金額（保証限度額）を継続的に保証する」というような契約です。

つまり、通常の保証契約の保証人は、一〇〇万円の金銭消費貸借契約の保証人であれば一〇〇万円を限度で保証責任を負えばよいのですが、根保証契約においては、たとえば保証人が五年間の間保証限度額（極度額）一〇〇〇万円の保証をするという契約をした場合、根保証契約を締結した際の債務者の借入れが一〇〇万円であったとしても、その後債務者が五年以内に追加借入れを行い、一〇〇〇万円以上の債務を抱えて倒産してしまったときは、保証人となった人は一〇〇〇万円の保証責任を負わされることになります。

ところが商工ローンの営業のやり方は、根保証契約に関しては十分な説明を行わず、保証人には一〇〇万円の保証と思わせておいて結果的には保証限度額（極度額）の一〇〇〇万円の保証責任を追及する、というような詐欺的商法ともいうべき営業を行っていました。

商工ローンの保証人には、通常、一般のサラリーマンや公務員などがなっていることが多く、一債務者について平均して三～四人の保証人がついています。また、保証人の数が一〇人を超えるケースも珍しくはありません。

経営難・資金難に陥っている中小零細事業者が、年二五～二九・二％もの高金利の運転資金を借り入れれば、いずれ倒産に追い込まれるのは必至です。商工ローン業者は、債務者の中小零細企業がいずれ倒産するのを見越して多数の保証人をとり、高金利のお金を貸し込んでいっているわけです。「金利は債務者から、元本は保証人から」というのが、商工ローン業者の合言葉となっているのです。

商工ローン問題が大きな社会問題となった一九九九年当時においては、商工ローン業界トップの日栄の融資先は約六万社、業界二位の商工ファンドの融資先は約一〇万社といわれていましたので、日栄・商工ファンド関係だけでも商工ローンの高金利や苛酷な取立てに苦しむ中小零細事業者や保証人の数は、数十万人に上っていたということになります。

急増する商工ローン被害者を救済するために、一九九八年一二月には「日栄・商工ファンド対策全国弁護団」が結成されています。

日栄に関しては、「腎臓売れ、肝臓売れ、目ん玉売れ」というような暴力団まがいの脅迫的取立てを受けた根保証人の一人が私の事務所に相談に来たため、私の事務所では脅迫的取立てを行った日栄の元社員を恐喝未遂罪で警視庁に刑事告訴を行っています。この結果、日栄の元社員は一九九九年一〇月三〇日、恐喝未遂容疑で警視庁に逮捕されました。

日栄に関しては、その後も恐喝罪や貸金業規制法違反などの容疑で相次いで社員・元社員が逮捕され、会社ぐるみで暴力的・脅迫的債権回収を行っていたことが明らかになっています。

二〇〇〇年一月二七日には、恐喝未遂罪で起訴された元社員の東京地方裁判所における有罪判決を受けて、金融監督庁（当時）・近畿財務局は、日栄全店に対し七日間の業務停止、事件の舞台となった東京支店・千葉支店に対しては九〇日間の業務停止を命じる行政処分を行っています。

なお、日栄に関する上告事件が最高裁の第一、第二、第三小法廷で係属していましたが、二〇〇三年七月一八日（第二小法廷）、九月一一日（第一小法廷）、九月一六日（第三小法廷）においで、それぞれ日栄の子会社である日本信用保証の保証料も利息とみなす債務者側全面勝訴の判決言渡しが行われています。

業界第一位の日栄（現「ロプロ」）が暴力的・脅迫的債権回収を行ってきたのに対し、業界第二位の商工ファンド（現「ＳＦＣＧ」）は、裁判所を最大限に利用した債権回収を行っています。

商工ファンドは、一時全国的に支配人による手形訴訟を大量に提起する方法で債権回収を行い、全国の地方裁判所における手形訴訟の六〇〜七〇％は商工ファンドの手形訴訟で占められるという異常事態となっていました。商工ファンドの手形訴訟に関しては、東京地方裁判所は、二〇〇三年一一月一七日、商工ファンドの手形訴訟を不適法として却下する画期的な判決を言い渡しています。

また、二〇〇〇年四月には、商工ファンドの社員が、有印私文書偽造罪と貸金業規制法違反の容疑で警視庁に逮捕されています。これを受けて、金融庁・関東財務局は、商工ファンド全店に対し三日間の業務停止、社員が在籍した府中支店に対し九〇日間の業務停止を命じる行政処分を行いました。

さらに、二〇〇四年二月二〇日には、商工ファンドに関する上告事件で最高裁第二小法廷が、利息制限法の例外である「みなし弁済規定」の適用については厳格に解釈すべきであるとし、商工ファンド側の「みなし弁済規定」適用の主張を認めず、債務者側全面勝訴の判決を言い渡しています。

二〇〇六年一二月一三日成立した新貸金業法（貸金業規制法、出資法、利息制限法などの改正法）では、新貸金業法の公布（二〇〇六年一二月二〇日）から概ね三年を目途に貸金業規制法四三条の「みなし弁済規定」（グレーゾーン金利）を廃止し、出資法の上限金利を年二九・二％から年二〇％に引き下げ、利息制限法の制限金利（年一五〜二〇％）を超える金利での貸付けは禁止されることになっています。したがって、新貸金業法の公布から概ね三年後からは、商工ローン業者は、利息制限法の制限金利（年一五〜二〇％）を超える貸付けができなくなるわけです。

(2) 日掛け金融被害

日掛け金融（日賦貸金業者）とは、①従業員五人以下の小規模零細事業者を貸付けの対象とする、②返済期間が一〇〇日以上である、③一〇〇分の五〇以上の日数にわたり債務者の営業所または住所に自らがおもむいて集金する、ことを業務方法とする貸金業者のことであり（出資法附則第九項）、日掛け金融に関しては、出資法の附則第八項において年五四・七五％の特例金利が容認されています。

商工ローン問題を契機として出資法の改正が行われ、二〇〇〇年六月一日より出資法の上限金利（刑罰金利）が年四〇・〇〇四％から年二九・二％に引き下げられたことから、それまで出資法の附則第八項において年一〇九・五％の特例金利が容認されていた日掛け金融業界に大量の業者が参入し、日掛け金融による被害が全国的に拡大するようになりました。

日掛け金融は、西日本、特に九州地方に多く存在し、九州地方では登録貸金業者の約二割が日掛け金融であり、なかでも沖縄は登録貸金業者の約四割が日掛け金融となっています。

日掛け金融による被害が全国的に拡大してきたため、国会でも日掛け金融問題が取り上げられ、二〇〇〇年五月一日、日掛け金融問題に関する出資法と貸金業規制法の改正が行われ、改正法は二〇〇一年一月一日より施行されています。

改正法の主な内容は、日掛け金融の特例金利を年一〇九・五％から年五四・七五％に引き下げる、日掛け金融業者が債務者の営業所または住所におもむいて自ら集金する日数を返済期間の一〇〇分の七〇以上から返済期間の一〇〇分の五〇以上に変更するというものです。しかしながら、日掛け金融の特例金利が年一〇九・五％から年五四・七五％に引き下げられたとしても、依然として超高金利であることに変わりなく、法改正後も日掛け金融の被害は全国的に拡大し続けていました。

二〇〇六年一二月一三日成立した新貸金業法（貸金業規制法、出資法、利息制限法などの改正法）では、新貸金業法の公布（二〇〇六年一二月二〇日）から概ね三年を目途に日掛け金融の特例金利を廃止することにしています。

したがって、新貸金業法の公布から概ね三年後からは、日掛け金融被害もなくなるものと思われます。

4 ヤミ金融被害の現状

(1) ヤミ金融とはどのような業者か

ヤミ金融とは、無登録で営業している金融業者または貸金業登録の有無にかかわらず、出資法（年二九・二％を超える利息の契約・受領・要求をしたときは、五年以下の懲役もしくは一〇〇〇万円以下の罰金に処せられ、またはこれらが併科される。年一〇九・五％を超える利息の契約・受領・要求をしたときは、一〇年以下の懲役もしくは三〇〇〇万円以下の罰金に処せられ、またはこれらが併科される）に違反して、超高金利で貸付けを行う金融業者のことです。

ヤミ金融は、貸金業規制法や出資法に違反して営業を行っているので、「犯罪」を行っていることになります。

もともと、ヤミ金融は、貸金業の登録をしないで無登録で営業を行う、まさに「闇」の業者が多かったのですが、一九九〇年代末頃より、貸金業の登録をした上で出資法の金利規制に違反する超高金利で貸付けを行うヤミ金融が大量に出現するようになりました。

登録業者の中でも特に目についたのが東京都知事登録業者です。

サラ金業者や商工ローン業者などの貸金業者を規制している貸金業規制法では、貸金業を営もうとする者は、二つ以上の都道府県の区域内に営業所または事務所を設置してその事業を営もうとする場合にあっては内閣総理大臣の登録（具体的な事務取扱は金融庁・財務局で行っている）を、一つの都道府県の区域内にのみ営業所または事務所を設置してその事業を営もうとする場合にあってはその営業所または事務所の所在地を管轄する都道府県知事の登録（具体的な事務取扱は都道府県の金融課・商工課などでおこなっている）を受けなければならないことになっています。無登録営業は、一〇年以下の懲役もしくは三〇〇〇万円以下の罰金（法人は一億円以下の罰金）に処せられ、またはこれらが併科されます。

貸金業の登録は三年ごとに更新しなければならないことになっているのですが、東京都知事登録をしているヤミ金融業者の大半は、登録して三年未満の更新番号が「都①」の業者でしたので、「都①業者」（トイチ業者）とも呼ばれていました。

「都①業者」の大半は、ヤミ金融業者であり、一部は多重債務者を食い物にする「紹介屋」や「買取屋」「融資保証金詐欺業者」などの偽サラ金業者です。なお、都知事登録業者であっても、営業は全国どこでもできることになっています。

ヤミ金融業者がなぜわざわざ貸金業の登録をするのかというと、貸金業規制法違反（無登録営業）による摘発を防ぐ目的やちゃんとした業者であると見せかけて利用者を欺くといった目的のほかに、広告を打ちやすくするという目的があります。スポーツ新聞や夕刊紙、新聞の折込広告、雑誌などに広告を出すには、多くの場合、登録業者であることが掲載条件となっているからです。

ちなみに、二〇〇三年七月二五日に成立したヤミ金融対策法（貸金業規制法と出資法の一部改正法）の施行（二〇〇四年一月一日より全面施行）前においては、貸金業の登録は都道府県知事登録の場合、四万三〇〇〇円の登録手数料さえ支払えば貸金業規制法六条の登録拒否事由（破産者で復権を得ない者など）に該当しない限り、誰でも簡単に登録ができることになっていました。

サラ金やクレジットの支払日が通常一か月に一回であるのに対し、ヤミ金融の支払日は通常一〇日に一回あるいは一週間に一回となっています。このため、ヤミ金融は「短期高利金融業者」あるいはただ単に「短期金融」とも呼ばれています。

また、ヤミ金融の金利が以前は一〇日で一割（年三六五％）、一〇日で二割（年七三〇％）の業者が多かったので、ヤミ金融は「トイチ業者」「トニ業者」とも呼ばれていました。しかしながら、最近のヤミ金融は、「トヨン」（一〇日で四割、年一四六〇％）、「トゴ」（一〇日で五割、年一八二五％）が主流となっており、中には金利が一日一〇割（年三万六五〇〇％）、一日二〇割（年七万三〇〇〇％）という途方もない超高金利をとるヤミ金融も出現してきています。

⑵ヤミ金融のターゲット

①多重債務者

ヤミ金融のターゲットは多重債務者や自己破産者、中小零細事業者です。

日本弁護士連合会（以下「日弁連」という）は二〇〇二年一二月から二〇〇三年一月にかけて「ヤミ金融一一〇番」を行いましたが、その集計結果によると、ヤミ金融の利用者の大体四人に三人は多重債務者、すなわち既にサラ金とか商工ローンの借入れのある多重債務者であり、四人に一人が自己破産者でした。こういう人々がヤミ金融のターゲットになっているのです。

多重債務者は、多数のクレジット・サラ金業者から借入れがあり、既に自分の収入では返済できなくなっており、借金返済のために新たな借金をするという自転車操業状態に陥っています。このような返済資金に窮した多重債務者は、ヤミ金融の格好のターゲットとなるのです。

②自己破産者

ヤミ金融は、自己破産者もターゲットにしています。

二〇〇六年一年間における個人の自己破産申立件数は、一六万五九一七件であり、この一〇年間で一六〇万人を超える人が自己破産申立てをしています。

貧困や格差が拡大する中で、生活苦・低所得など貧困を原因とする自己破産が増加しているのが最近の特徴であることは前述したとおりです。

破産すると、前述した銀行系・クレジット系・サラ金系の信用情報機関に破産したことが事故情報として登載されることになります。この事故情報に関しては、銀行系・クレジット系・サラ金系の信用情報機関がそれぞれ情報交換行っているので、破産すると、どこからも借りられなくなります。

自己破産申立てをして免責許可決定を得ると、いったんは多重債務から解放されるのですが、自己破産した人の中には、相変わらず低所得で生活が苦しい人や失業したり、病気の人もいます。裁判所は職安ではないので、破産者の仕事は見つけてくれませんし、また、裁判所は病院でもありませんので、破産者の病気は治してくれません。失業している人や病気になっている人は、自己破産して免責許可決定を受けた後も生活は相変わらず苦しい人が多いのです。ヤミ金融はそういう人をねらっているわけです。

国や地方自治体における生活福祉資金貸付制度や生活保護制度がもう少し充実しており利用しやすい制度になっていれば、自己破産者はヤミ金融の被害にあわずに済むのです。全く皮肉なことですが、わが国の現状は、自己破産者にとってはこれらの制度よりヤミ金融の方が身近な存在となっているのです。

③商工ローンや日掛け金融を利用している中小零細事業者

商工ローンや日掛け金融を利用している中小零細事業者もヤミ金融のターゲットになっています。

このところ、大企業などを中心として景気回復が伝えられていますが、中小零細事業者を取り巻く経済環境は、相変わらず厳しい状況であることに変わりありません。このため、現在でも相変わらず商工ローンや日掛け金融を利用する中小零細事業者が存在します。商工ローンや日掛け金融を利用している中小零細事業者の多くが返済に苦しんでいるため、商工ローンや日掛け金融の顧客名簿を不正入手したヤミ金融がこのような中小零細事業者をターゲットとして、ダイレクトメール・ファックス・電話などで融資勧誘を行っているのです。

(3) 多様化・巧妙化するヤミ金融の手口

①勧誘の手口

前述した日弁連の「ヤミ金融一一〇番」の集計結果によると、ヤミ金融の被害者の四人に三人はダイレクトメール・ファックス・電話などで融資勧誘を受けています。つまり、ヤミ金融の被害者は、「ヤミ金融から狙いをつけられて借金させられている」というのが実情なのです。全国のヤミ金融の被害者の大半が、東京のヤミ金融業者からダイレクトメール・ファックス・電話などにより融資勧誘を受けています。ダイレクトメールには、「一〇〇%融資」「即刻融資」などの文言とともに、金利は年二九・二%以下の低い金利が記載されていますが、金利に関しては全く出鱈目なわけです。

私の事務所に相談にきた多重債務者の中には、二五八通ものヤミ金融のダイレクトメールを送付された人がいます。

新聞の折込広告やスポーツ新聞・夕刊紙・雑誌・インターネットなどでもヤミ金融は広告しています。特に、このような広告を出しているのは貸金業の登録を取っているヤミ金融業者であり、中でも東京都知事登録のヤミ金融業者が大部分を占めています。新聞の折込広告やスポーツ新聞・夕刊紙・雑誌などに広告を出すには登録業者であることが掲載条件になっているので、貸金業の登録を取っているわけです。

ダイレクトメール・ファックス・電話などによる勧誘を可能にしたのは、「名簿屋」の存在です。

ヤミ金融業者は、「名簿屋」を通じて多重債務者や自己破産者、商工ローンを利用している中小零細事業者の名簿を不正入手しています。二〇〇三年六月一六日「三恵データサービス」という名簿屋が出資法違反幇助容疑で警視庁に逮捕されましたが、この名簿屋は何と三〇〇万人分の多重債務者の名簿を収集していたということです。

名簿屋の名簿入手先として考えられるのは、サラ金会社や商工ローン会社の社員や元社員です。それからわが国には、業界別に銀行系・クレジット系・サラ金系などの三つの個人信用情報機関がありますが、そこから漏れているということも考えられます。

②ヤミ金融の種類

都①業者

日弁連が二〇〇二年一月から二〇〇三年一月にかけて実施した「ヤミ金融一一〇番」の集計結果によると、ヤミ金融の半分近くの五一％を「都①業者」が占めていました。「都①業者」というのは、東京都知事登録をしているヤミ金融業者のことです。貸金業の登録は、三年に一回更新されるということになっています。したがって更新番号が①というのは、登録して三年未満の業者だということは前述のしたとおりです。最近では、貸金業の道府県知事登録をした「道①」「府①」「県①」のヤミ金融業者も出現してきています。

二〇〇三年七月二五日成立したヤミ金融対策法では、開業規制が強化された上にヤミ金融の罰則も強化されたため、ヤミ金融対策法施行後は、貸金業登録をしたヤミ金融業者は減少傾向にあります。

〇九〇金融

前述した日弁連の「ヤミ金融一一〇番」の集計結果によると、ヤミ金融の中で「〇九〇金融」は三二%を占めていました。

〇九〇金融はもともと九州地方で特に多かったのですが、最近では全国的に増加する傾向にあります。

〇九〇金融は、電柱とかガードレールの貼り紙や看板などで、携帯電話番号だけを掲載して「即日融資」「宅配融資」「テレフォンキャッシング」「ブラックＯＫ」「自己破産者ＯＫ」などと広告宣伝しています。〇九〇金融に電話すると、債務者の近くのスーパーの駐車場などにヤミ金融業者がベンツで乗りつけ、車の中で現金を渡して貸し付けます。

このような〇九〇金融は、一度は被害者と顔を合わせるので、「対面型の〇九〇金融」といえます。対面型〇九〇金融は、債務者の生活圏内で営業しているヤミ金融と言えます。また、対面型〇九〇金融は、地元の暴力団とつながっている業者も多く、すべて無登録業者です。

ヤミ金融対策法の施行により、〇九〇金融の広告が禁止されましたので、このところ〇九〇金融の貼り紙や看板は減少してきています。

また、ヤミ金融対策法施行後は、ダイレクトメールや電話などで融資勧誘を行い、顧客とは面談をしないで超高金利の貸付けを行う「非対面型の〇九〇金融」が、「都①業者」や右に述べた「対面型の〇九〇金融」などにかわり急増する傾向にあります。

システム金融

システム金融は、中小零細事業者を対象とするヤミ金融業者で、手形や小切手を担保に取って出資法違反の超高金利で貸付けています。システム金融は、中小零細事業者に手形や小切手を送らせるときは、郵便局の局留めで送らせて住所を把握されないようにしています。中小零細事業者は手形や小切手が不渡りになると会社が倒産してしまうので、担保に取られた手形や小切手を決済するためにまたほかのシステム金融に手を出すことになるのです。

一社のシステム金融業者に手を出した中小零細事業者に対して、次々と貸し付けるシステム金融業者はいずれも同一グループに属するシステム金融業者です。

システム金融は、中小零細事業者の中でも特に日栄（現ロプロ）や商工ファンド（現ＳＦＣＧ）などの商工ローンから債務を抱えている中小零細事業者をターゲットとしています。

システム金融は、摘発を逃れるため電話番号や住所を頻繁に変更しています。また、ほとんどのシステム金融は無登録で営業を行っています。

占有屋と提携するヤミ金融

ヤミ金融の中には、占有屋と提携しているヤミ金融業者がいます。

占有屋と提携するヤミ金融が、自宅不動産などを所有している債務者に融資するときは、債務者から建物賃貸借契約書・建物明渡承諾書・動産売却承諾書（これらの書類は「三点セット」と呼ばれている）を取ります。そして、ヤミ金融に対する債務者の支払いが一度でも遅れると、ヤミ金融から「三点セット」の書類を買取った占有屋が、債務者の自宅不動産をいきなり強引に占拠してしまいます。

債務者や債務者の家族は、生活の本拠である自宅を失い、着の身着のまま放り出されてしまうことになります。

建物を占拠した占有屋は、お金になるような家財道具などの動産を売却してしまい、事情を知らない第三者に建物を賃貸して賃料を取得したり、建物が売買されたり、強制競売される際には高額な明渡し料を取得して不法な利益を上げています。

占有屋が占拠している建物を賃借する人は、通常の不動産屋を通じてはアパートやマンションを賃借するのが困難なオーバーステイ（不法滞在）となっている在日外国人などが多いといわれています。

いかなる書類があったとしても、自宅不動産の所有者である債務者の承諾がないにもかかわらず、債務者の意思に反してその占有を奪うことは、民事的にも刑事的にも違法であることは当然です。法治国家においては、実力行使は違法であり、占有屋の行為は、住居侵入罪（刑法一三〇条）や不動産侵奪罪（刑法二三五条の二）に該当する犯罪行為です。

家具リース・車リース

出資法の金利規制を脱法するために、債務者の家財道具一式や自動車などをいったん買い取り、これを債務者に貸与するリース契約を締結し、債務者から高額な家財道具や自動車の使用料（リース料）を徴収するヤミ金融が存在します。

このような「家具リース」「車リース」などと称するヤミ金融は、出資法の金利規制違反が問題となったとき、金銭貸借ではなく家財道具や自動車のリース契約でありリース料は利息ではないので出資法の適用はないと言い逃れるために、このような形態をとっているのです。

しかしながら、「家具リース」「車リース」は、いかにリース契約を仮装していても、実質は借主から違法金利を取るための欺瞞的な違法契約であり、民事的には契約は公序良俗違反で無効であり、刑事的には出資法違反（金利規制違反）、貸金業法違反（無登録営業）の犯罪行為となるものです。

金券金融・チケット金融

「金券金融」「チケット金融」は、二〇〇二年あたりから関西地方を中心に急増したヤミ金融で、最近では東京でもこのような業者が出現しています。このような業者は「金券代金後払いOK」などと広告宣伝しています。

たとえば、多重債務者がある金券店で、額面一万円のＪＲ切符一〇枚の代金一〇万円を一〇日以内で支払うと約束で買い取り、その金券店の指定する他の金券店で一枚五〇〇〇円で換金すると五万円の現金を受領することができます。しかしながら、多重債務者は、一〇日後に最初の金券店に対し一〇万円を支払わなければならないので、受領した現金五万円に対し一〇日間の利息が五万円で一〇〇％となり、年利三六五〇％になります。

「金券代金後払いＯＫ」と宣伝している業者のなかには、多重債務者が金券購入を申し込むと高額な手数料を差し引いた現金を直接多重債務者の銀行口座に振込送金して、後日金券代金を取り立てるというような業者もいます。この場合、多重債務者は、金券を受け取ることもないし、他の金券店で換金することもしていないのですが、金券代金の名目で取立てを受けることになります。

「金券金融」「チケット金融」も、前述した「家具リース」「車リース」と同様、出資法の金利規制を脱法しようとしているヤミ金融の一種です。金券金融業者・チケット金融業者も、出資法の金利規制違反を指摘されると、金銭貸借ではなく、金券の売買であるから出資法の適用はないと言い逃れるためにこのような形態をとっているのです。

「金券金融」・「チケット金融」も、出資法違反の犯罪行為であることに変わりはありません。

年金担保金融

「年金立替え」「年金融資」「高齢者応援」「高齢者歓迎」などの広告を出して、年金証書や銀行の預金通帳、銀行印、キャッシュカードなどを預かることにより事実上年金を担保に取り、年金生活者を食い物にする悪質な年金担保金融業者が存在します。

法律で年金を担保に取って融資することが認められている独立行政法人福祉医療機構のような公的金融機関以外の金融業者が年金を担保に取って融資を行うことは、国民年金法二四条や厚生年金保険法四一条一項などにより禁止されています。

悪質な年金担保金融業者に対処するために、二〇〇四年一二月一日に違法年金担保融資対策法（貸金業規制法の一部改正法）が成立し、同年一二月二八日より施行されています。

同法により、貸金業を営む者が年金等の公的給付に関する受給預貯金通帳・カード情報・年金証書などの提供を求めたり保管することが禁止されました。同法の施行により、悪質な年金担保金融業者による被害は減少傾向にあります。

押し貸し・カラ貸し

ヤミ金融まがいの手口として、「押し貸し」や「カラ貸し」といった手口があります。「押し貸し」というのは、ヤミ金融から一社でも借りれば、その人の使っている銀行口座がヤミ金融グループに分かってしまうので、融資の申し込みもしないのに一方的に被害者の口座に二万円、三万円と振り込んで暴利を要求するのが、「押し貸し」という手口です。

また、実際には融資をしていないにもかかわらず、脅迫的文言の入ったお悔やみ電報などを送りつけて脅迫的取立てを繰り返すのが、「カラ貸し」という手口です。

⑷ ヤミ金融グループの一部が振り込め詐欺に移行

警察の取締りの強化、ヤミ金融対策法の成立などにより、追いつめられたヤミ金融業者の一部が振り込め詐欺（オレオレ詐欺、架空請求詐欺、融資保証金詐欺）に移行しています。

①オレオレ詐欺

子どもや孫を装って電話して、交通事故や痴漢行為の示談金、ヤミ金・サラ金の借金返済、妊娠中絶費用などの名目で指定口座に送金させ金銭を騙し取る「オレオレ詐欺」の被害が全国で多発しています。

最近のオレオレ詐欺は、子どもや孫役、警察官役、弁護士役、被害者役など役割分担して電話をかけてくる「劇場型オレオレ詐欺」が主流となっています。

オレオレ詐欺の被害にあわないためには、電話だけで話を信用せず、できるかぎり家族や周囲の人に相談することが大切です。

また、オレオレ詐欺は明らかに詐欺罪（未遂罪）に該当するので、警察に被害届や刑事告訴を積極的に行うことが大切です。

相手の銀行口座がわかっている場合は、銀行の「預金規定」や「金融機関等本人確認法」

などに基づき、直ちに相手方の銀行口座の解約・凍結を求めることが大切です。銀行口座を解約・凍結した後、口座に預金が残っていれば、被害にあった金銭を取り戻すことができます。

なお、二〇〇七年三月二九日、金融機関に加えて、ファイナンス・リース業者、クレジットカード業者、貴金属等取引業者、郵便物受取業者、電話サービス業者などに対しても本人確認、取引記録の保存、疑わしい取引の届出などを義務づける「犯罪収益移転防止法」(「犯罪による収益の移転防止に関する法律」)が成立しています。この犯罪収益移転防止法の成立により、金融機関等本人確認法は将来的には廃止されることになっています。

②架空請求詐欺

架空請求詐欺は、ハガキや封書、電報、電話、電子メールなどを使って架空の有料サイト利用代金、電子通信利用代金などを請求して、金銭を指定口座に振り込ませて騙し取る詐欺です。債権回収会社や法律事務所、公的機関などを名乗る場合が多く、時には簡易裁判所の支払督促、少額訴訟を利用するときもあります。

架空請求詐欺を行っている業者に対しては、絶対に支払わず無視するのが賢明です。請求書に記載している携帯電話などに一度でも電話すると脅迫的取立てが繰り返されることになり、一度でも指定された銀行口座に振り込み送金して支払えば、何度でも請求が繰り返されることになります。

架空請求詐欺は、当然のことですが法的な支払義務は全くありません。

また、架空請求は、詐欺罪（未遂罪）となるので、警察に被害届や刑事告訴を積極的に行うことも大切です。

もし、被害にあった場合、相手方の銀行口座がわかっている場合は、銀行の「預金規定」や「金融機関等本人確認法」などに基づき、直ちに相手方の銀行口座の解約・凍結を求めることが大切です。銀行口座を解約・凍結した後、口座に預金が残っていれば、被害にあった金銭を取り戻すことができます。

③融資保証金詐欺（貸します詐欺）

「融資保証金詐欺」は、多額の債務を抱えて困っている人に対して、ダイレクトメールやファックス、電話などで融資勧誘を行い、低金利で五〇〇万円を融資するので保証金あるいは手数料五〇万円送れなどと偽り、保証金や手数料を騙し取る手口です。被害者が保証金や手数料として五〇万円を送金しても、五〇〇万円の融資は全く受けられず、さらにさまざまな理由をつけて送金をさせようとします。融資保証金詐欺は、「貸します詐欺」とも呼ばれています。

最近では融資保証金詐欺の業者が送付するダイレクトメールには、実在する銀行やクレジット会社、サラ金会社を騙ったダイレクトメールが使われているので、注意する必要があります。

融資保証金詐欺も、警察に被害届や刑事告訴を積極的に行うことが大切です。

もし、被害にあった場合、相手方の銀行口座がわかっている場合は、銀行の「預金規定」や「金融機関等本人確認法」などに基づき、直ちに相手方の銀行口座の解約・凍結を求めることが大切です。銀行口座を解約・凍結した後、口座に預金が残っていれば、被害にあった金銭を取り戻すことができます。

(5) 非人間的な暴力的・脅迫的取立てが横行

ヤミ金融は犯罪者集団なので、法的手続をとって債権回収をするようなことはせず、専ら暴力的・脅迫的取立てを債権回収の主たる手段としています。

大体ヤミ金融の事務所では、マンションの一室に電話を一〇台くらい並べて、朝から晩まで払わなければ「殺す」「家に火をつける」「子どもをさらう」などと脅迫的電話をかけて債権回収を行っています。

ヤミ金融の取立ては、借主本人だけでなく、借主の家族・親族・近隣住民・勤務先・子どもの通う小、中学校などに及んでいます。勤務先の会社に対しヤミ金融の取立てが行われると、犯罪者集団であるヤミ金融と闘うのではなく、働いている労働者を解雇するという会社が多いのが現状です。また、借主の家族や親族・近隣住民に対しヤミ金融の取立てが行われると、借主は、家族や親族・近隣住民から苦情を言われることになります。

ヤミ金融の被害者は、ヤミ金融業者からだけでなく会社からも親族からも近隣住民からも、「あんたのためにこんなひどい目に遭った」「何とかしてくれ」と苦情を言われるため、責任を感じるとともに孤立してしまい、徐々に精神的に追い込まれていくことになります。

⑹ 暴力団やエセ右翼団体の資金源となっているヤミ金融

山口組系五菱会系ヤミ金融グループの摘発

ヤミ金融の大半は、暴力団やエセ右翼団体の資金源になっています。

二〇〇二年末から二〇〇三年にかけて広島県警や警視庁により、山口組系五菱会系のヤミ金融グループが摘発されました。二〇〇三年八月一一日にはこのグループを統括していた最高責任者で「ヤミ金の帝王」と呼ばれていた梶山進容疑者が出資法違反容疑で警視庁に逮捕され、一〇月二四日には山口組総本部の捜索も行われています。また、二〇〇三年一一月二六日には五菱会の高木康男会長が組織的犯罪処罰法違反（犯罪収益収受）容疑で警視庁と静岡・広島県警などの合同捜査本部によって逮捕され、五菱会は事実上解散しています。

梶山容疑者が組織したヤミ金融グループは、最盛期一〇〇〇店もの店舗を持ち、年間一〇〇〇億円の収益を上げ、山口組系暴力団に収益金を上納していたとみられています。

梶山容疑者は、名簿業者から入手した多重債務者の名簿を基にダイレクトメールや電話で全国的に勧誘し、顧客とは顔を合わせないで融資し返済を受ける「非対面型」の営業方法を考案し、多重債務者に傘下のヤミ金融業者を紹介し次々と貸し付けるというヤミ金融の手口の創始者であるといわれています。

梶山容疑者らは、就職情報誌の金融・ファイナンス部門で「茶髪ＯＫ・ピアスＯＫ」「月給二七〜五〇万円、店長昇進で月収一八〇万円以上可能」などと広告宣伝して従業員を募集し、就職情報誌を見て応募してきた若者らに東京都知事の貸金業登録を取らせていました。梶山容疑者は、就職情報誌を見て応募してきた従業員に開業させたヤミ金融の店舗の一〇店から二〇店を一グループとした組織を二〇以上も作り上げ、その頂点に君臨していたということです。つまり、山口組系五菱会系のヤミ金融グループといっても、末端でヤミ金融の営業をやって悪質な取立てを繰り返していたのは普通の若者で暴力団の構成員ではなかったということです。

山口組系五菱会系のヤミ金融グループの摘発によって、ヤミ金融が反社会的集団である暴力団の資金源となっていることが、ますます明らかになってきたと言えます。

(7) ヤミ金融急増の背景

ヤミ金融急増の背景として、まず第一に考えられるのは、ヤミ金融のターゲット（顧客）である多重債務者や自己破産者が急増してきたということです。現在二〇〇万人を超える多重債務者が存在するといわれています。この一〇年間の自己破産者は、一六〇万人を突破しています。

ヤミ金融急増の背景として第二に考えられるのは、ヤミ金融が短期間に莫大な利益を上げることができることです。

これまでのヤミ金融摘発報道をみると、多くのヤミ金融業者が数か月間で数億円の利益を上げていることがわかります。

ヤミ金融急増の背景として第三に考えられるのは、これまで警察の取締りや行政の指導監督が極めて不十分であったということです。

ヤミ金融の被害者が必死の思いで一一〇番したり、地元の警察に相談にいっても「民事不介入」を理由に取り合ってくれなかったり、はなはだしい場合は、「利息が何千%、何万%であっても借りたものは返すのが当然」と逆に説教されたというような不適切な対応が目立っています。また、都①業者のように貸金業登録をしたヤミ金融に対する行政の指導監督も極めて不十分でした。

ちなみに私が代表幹事をしている全国ヤミ金融対策会議は、これまでに延べ四万業者を超えるヤミ金融業者の刑事告発を行ってきています。

(8) ヤミ金融対策法の成立とその概要

大阪府八尾市において二〇〇三年六月一四日発生した男女三人のヤミ金苦心中事件に象徴されるように、ヤミ金融の被害が深刻化したため、ヤミ金融の徹底取締りを求める世論と運動が大きく盛り上がり、二〇〇三年七月二五日、「ヤミ金融対策法」（貸金業規制法及び出資法の一部改正法）が成立しました。

ヤミ金融対策法の概要は、①開業規制の強化（登録要件の厳格化等）、②無登録業者の広告・勧誘行為の禁止、③貸金業規制法第三章の規定の無登録業者への適用、④取立行為規制の強化、⑤貸金業務取扱主任者制度の新設、⑥利息が年一〇九・五％を超える貸金契約の無効、⑦高金利要求罪の新設、⑧罰則の強化などとなっています。

ヤミ金融対策法のうち、無登録業者の広告・勧誘行為の禁止、利息が年一〇九・五％を超える貸金契約の無効、罰則の強化などについては二〇〇三年九月一日より施行され、二〇〇四年一月一日からは全面施行されています。

二章

新貸金業法の成立とその概要

1 画期的な新貸金業法が成立

深刻化する多重債務問題に対処するため、二〇〇六年一二月一三日新貸金業法（貸金業規制法、出資法、利息制限法などの改正法）が成立し、同年一二月二〇日に公布されました。新貸金業法は金利規制と貸金業規制を大幅に強化しており、金利規制に関しては、利息制限法の改正が行われるとともに出資法が制定された一九五四年以来の大改革となっており、貸金業規制に関しては、貸金業規制法が制定された一九八三年以来の大改革となっています。

わが国の貸金業界やアメリカ政府が、出資法の上限金利の引き下げに強く反対したにもかかわらず、出資法の上限金利を大幅に引き下げる画期的な新貸金業法が成立した背景には、金利引き下げを求める運動の全国的な広がりと世論の盛り上がりがあります。

金利引き下げ運動は、弁護士や司法書士、被害者団体だけでなく、労働団体、消費者団体にまで運動が広がり、幅広い国民的なネットワークが結成されました。

大きな成果を収めた金利引き下げ運動の中心となった団体や組織としては、日本弁護士連合会（日弁連）や日本司法書士会連合会（日司連）、クレジット・サラ金・商工ローンの高金利引き下げを求める全国連絡会（高金利引き下げ全国連絡会）、クレサラの金利問題を考える連絡会議、労働者中央福祉協議会（中央労福協）、全日本青年司法書士協議会（全青司）などがあります。

これらの団体や組織が連携・協力しながら、二〇〇六年一〇月一一日には、三四〇万人分の金利引き下げ署名が国会に提出されました。また、四三都道府県議会、一一三六市町村議会において、金利引き下げを求める意見書が採択されています。

さらに、二〇〇七年一〇月一七日には、日弁連上限金利引き下げ実現本部が呼びかけて、日比谷野外音楽堂において決起集会が行われ、集会後集会参加者二〇〇〇人による国会包囲パレードが行われています。

このような金利引き下げを求める国民的な運動の広がりが世論を動かし、わが国の貸金業界やアメリカ政府の強い抵抗にもかかわらず、最終的には政府・与党をも動かして、画期的な新貸金業法を成立させたのです。

2　新貸金業法の概要

(1)　金利規制の強化

みなし弁済規（グレーゾーン金利）の廃止、出資法の上限金利を年二〇%に引き下げ、利息制

限法違反の貸付けの禁止、日掛け金融等の特例金利の廃止、保証料の規制など

新貸金業法（以下「新法」という）では、クレジット・サラ金（消費者金融）・商工ローンなど貸金業者の高金利が多重債務問題の大きな要因となってきたことから、金利規制が大幅に強化されています。

すなわち、新法では、公布から概ね三年（二〇〇九年一二月二〇日）を目途に、貸金業規制法四三条のみなし弁済規定（グレーゾーン金利）を廃止する、刑罰が科される出資法の上限金利を年二九・二％から年二〇％に引き下げる、出資法の上限金利と利息制限法の制限金利（年一五〜二〇％）との間の金利での貸付けを禁止し、違反すれば行政処分と対象とする、日掛け金融（日賦貸金業者）等の特例金利を廃止する、保証料も利息と合算して規制する、などの金利規制の強化が行われています。

この結果、二〇〇九年一二月末以降は、クレジット・サラ金・商工ローン業者など貸金業者は、利息制限法の制限金利を超える金利での貸付けができなくなります。

(2) 貸金業規制の強化

①ヤミ金融に対する罰則の強化

新法では、年一〇九・五％を超える超高金利貸付けや無登録営業の罰則を、これまでの五年

以下の懲役または一〇〇〇万円以下の罰金から、一〇年以下の懲役または三〇〇〇万円以下の罰金に引き上げ、ヤミ金融に対する罰則を強化しています。
この罰則の強化は、二〇〇七年一月二〇日より施行されています。

②参入規制の強化

最低純資産額の引き上げ

新法は、貸金業者の参入条件を厳格化するために、貸金業登録に必要とする最低純資産額を新法の本体施行から一年半以内に二〇〇〇万円、新法の公布から概ね三年後（二〇〇九年一二月二〇日）からは五〇〇〇万円に引き上げられます。

現在登録をしている貸金業者数は、一万一八三二業者（二〇〇七年三月末現在）となっていますが、最低純資産額が五〇〇〇万円に引き上げられると、登録貸金業者数は二～三〇〇〇業者に減少することになるだろうと言われています。

貸金業者の登録要件の強化

新法は、貸金業者の登録拒否要件に、次に掲げるものを追加しています。

㋑貸金業を的確に遂行するための必要な体制が整備されていると認められない者
㋺他に営利業務が公益に反すると認められる者

③貸金業務取扱主任者制度に関する改正

貸金業務取扱主任者資格試験制度の創設

新法は、貸金業に関する法令遵守のための助言・指導を行う貸金業務取扱主任者について、資格試験制度を導入し、合格者を営業所ごとに配置することになっています。

貸金業務取扱主任者の必置化

新法は、営業者または事務所ごとに貸金業務取扱主任者資格試験に合格し登録を受けた貸金業務取扱主任者を設置することを貸金業者に義務づけるとともに、設置していないことを登録拒否要件としています。

④新貸金業協会の設立

新法では、貸金業協会を内閣総理大臣の認可を受けて貸金業者が設立する法人とし、都道府県ごとの支部設置を義務づけています。

貸金業協会は、㋑過剰貸付けの防止に関する事項、㋺極度方式基本契約における各回の最低の返済額または最長の返済期間に関する事項、㋩広告の内容・方法・頻度および審査に関する事項、㋥勧誘に関する事項、㋭カウンセリングに関する事項、などについて業務規程を定めることになっていますが、この業務規程は内閣総理大臣の認可を受けなければならないことになっています。

⑤行為規制の強化等

新法では、取立行為規制の強化、禁止行為の追加、生命保険契約の締結に関する制限、公正証書に関する規制の強化などさまざまな行為規制の強化等が行われています。

取立行為規制の強化

次のような取立行為が禁止行為として追加されています。

㋑債務者等から弁済等の時期について申し出を受けている場合において、正当な理由なく、日中に電話、訪問等による取立てを行うこと

㋺債務者等から退去すべき意思を示されたにもかかわらず、居宅や勤務先等から退去しないこと

㋩禁止行為のいずれかを行うことを告げること

禁止行為の追加

貸金業者は、貸金業の業務に関し、次に掲げる行為をしてはならないものとされています。

㋑顧客等に対し、虚偽のことを告げ、または貸付けの内容のうち重要な事項を告げない行為
㋺顧客等に対し、不確実な事項について断定的な判断を提供し、または確実であると誤認させるおそれのある行為
㋩保証人となろうとする者に対し、主たる債務者が弁済することが確実であると誤解させるおそれがあることを告げる行為
㋥偽りその他不正または著しく不当な行為
㋭利息制限法を超える利息の契約を締結し、利息を受領し、またはその支払を要求する行為

勧誘に関する規制の強化
次に述べるような貸付けの勧誘行為が禁止されています。
㋑貸金業者は、貸金需要者等の知識、経験及び財産の状況または貸付けの契約の締結の目的に照らして不適当と認められる勧誘を行って資金需要者等の利益の保護に欠け、または欠けることとなるおそれがある行為
㋺貸金業者は、貸付けの契約の勧誘を受けた資金需要者等が当該契約を締結しない旨の意思を表示したにもかかわらず、当該勧誘を継続する行為

書面交付に関する規定の整備

書面交付に関し、次に述べるような規定の整備が行われています。

㋑連帯保証人について、事前書面及び契約書面に催告の抗弁及び検索の抗弁がない旨の記載を義務づける。

㋺貸付けに関する契約のうち、資金需要者である顧客によりあらかじめ定められた条件に従った返済が行われることを条件として、当該顧客の請求に応じ、極度額の限度内において貸付けを行うことを約することを「極度方式基本契約」とし、極度方式基本契約等についての契約書面の記載事項に関する規定を整備する。

㋩利息制限法の上限金利以下の金利での貸付けについて、相手方の同意を条件に、一定期間ごとの書面交付及び書面交付の電子化を可能とする。

㋥貸金業者は、貸付けに関する契約を締結するまでに、当該契約の内容を説明する書面を当該契約の相手方となろうとする者に交付しなければならないこととする。

帳簿書類の閲覧

貸金業者は、債務者等から帳簿の閲覧または謄写を請求されたときは、債務者等の権利の行使に関する調査を目的とするものでない等であると認められる相当の理由があるときを除くほか、その請求を拒むことができないことになっています。

生命保険契約に関する規制

新法成立前、サラ金が借り手に生命保険を掛ける「消費者信用団体生命保険」に関する問題が社会問題化したため、新法では、生命保険契約に関し次のような規制を行っています。

㋑貸金業者が、借り手の自殺を保険事故とする生命保険契約の締結を禁止する。

㋺貸金業者が、貸付けの契約の相手方または相手方となろうとする者の死亡によって保険金額の支払いをすべきことを定める保険契約を締結しようとする場合において、これらの者から同意を得ようとするときは、当該同意を得るまでに当該保険契約の内容を説明する書面を交付しなければならないこととする。

公正証書に関する規制の強化

公正証書に関するトラブルが多発しているため、新法は公正証書に関し、次のような規制を行っています。

㋑貸金業を営む者は、利息制限法の金利を超える貸付けの契約について、公正証書の作成を公証人に嘱託してはならないこととする。

㋺貸金業を営む者は、公正証書の作成を公証人に嘱託する委任状を取得してはならないこととする。

㋩貸金業者は、公正証書の作成を公証人に嘱託する場合は、あらかじめ、公正証書により直ちに強制執行に服することになる旨等について、書面を交付して説明しなければならないこととする。

相談窓口紹介義務の創設

資金需要者等の利益の保護のために必要と認められた場合には、貸金業者は、資金需要者等に対し、借入や返済に関する相談または助言その他の支援を適正かつ確実に実施することができると認められる団体を紹介するよう努めなければならないことになっています。

⑥監督の強化

新法は、貸金業者に対する監督を強化するために、次に述べるような監督強化措置をとっています。

業務改善命令の創設

内閣総理大臣または都道府県知事は、その登録を受けた貸金業者の業務の運営に関し、資金需要者等の利益の保護を図るため必要があると認めるときは、当該貸金業者に対して、その必要の限度において、業務の方法の変更その他業務の運営の改善に必要な措置を命ずることができることとする。

行政処分の強化等

貸金等の業務に関し、法令または法令に基づく内閣総理大臣もしくは都道府県知事の処分に違反したときは、当該貸金業者に対して、登録を取り消し、または業務の全部もしくは一部の停止を命ずることができることとし、当該行為をした取締役等の解任を命ずることができることとする。

業務開始義務

正当な理由がないのに、登録を受けた日から六か月以内に貸金業を開始しないとき、または引き続き六か月以上貸金業を停止したときは、内閣総理大臣または都道府県知事は、登録を取り消すことができることとする。

事業報告書の提出

全ての貸金業者に事業報告書の提出を義務づけることとする。

⑦過剰貸付規制の強化

これまでの貸金業規制法でも、過剰貸付けを禁止する規定（同法一三条）があり、「窓口における簡単な審査のみによって、無担保・無保証で貸し付ける場合の目処は、当該資金需要者に対する一業者あたりの金額について五〇万円、または、当該資金需要者の年収額の一〇％に相当する金額とすること」という金融庁のガイドラインもありましたが、違反しても罰則もなければ、行政処分の対象にもなりませんでした。

新法は、指定信用情報機関制度を創設するとともに総量規制を導入することにより、過剰貸付規制を大幅に強化しています。

指定信用情報機関制度の創設

新法では、信用情報の適切な管理や全件登録などの条件を満たす内閣総理大臣が監督する指定信用情報機関制度を創設し、貸金業者が借り手の総借入残高を把握できる仕組みを整備しています。

総量規制の導入

自社からの借入残高が一〇〇万円超となる貸付けの場合には、貸金業者に年収等の資料の取得を義務づけ、調査の結果、総借入残高が年収の三分の一を超える貸付けを禁止するという総量規制を導入しています。この総量規制に違反すると行政処分の対象とされることになっています。

この総量規制も、金利規制と同様、新法の公布から概ね三年後（二〇〇九年一二月末）に施行されることになっています。

多重債務問題の大きな要因となってきた高金利と過剰貸付けに対する規制が大幅に強化されることになる結果、二〇〇九年一二月末以降は、多重債務者の発生は大幅に抑制されることになるものと考えられます。

(3) 法律の題名の改正等

①題名の改正

新法は、これまで「貸金業の規制等に関する法律」(貸金業規制法)と呼んできた法律の題名を、「貸金業法」に改めています。

②目的の改正

新法では、第一条の目的規定に、「貸金業が我が国の経済社会において果たす役割にかんがみ」という文言を付け加えています。

(4) 経過措置

①施行スケジュール

新法では、改正の内容によって施行時期が異なっています。

超高金利(年利一〇九・五%超)貸付けや無登録営業などヤミ金融に対する罰則の強化は、

新法の公布（二〇〇六年一二月二〇日）より一か月後の二〇〇七年一月二〇日より施行されています。

法律の題名の改正、目的の改正、行為規制の強化等、監督の強化、新貸金業協会の設立などは、法律の公布（二〇〇六年一二月二〇日）から一年以内に施行（以下「本体施行」という）されることになっています。

最低純資産の二〇〇〇万円への引き上げ、貸金業務取扱主任者資格試験制度の創設、指定信用情報機関制度の創設などは、本体施行から一年半以内に施行されることになっています。

みなし弁済規定（グレーゾーン金利）の廃止、出資法の上限金利の引き下げ、利息制限法の制限金利を超える利息契約の禁止、日掛け金融等の特例金利の廃止、保証料の規制などの金利規制の強化、総量規制を導入した過剰貸付規制の強化、最低純資産額の五〇〇〇万円への引き上げ、貸金業務取扱主任者の必置化、書面交付義務の強化などについては、本体施行から二年半以内、公布から概ね三年（二〇〇九年一二月二〇日）を目途に施行されることになっています。

②見直し規定

新法には、貸金業制度のあり方と出資法及び利息制限法に基づく上限金利規制のあり方については、本体施行から二年半以内に検討を加えて、必要があると認めるときは、所要の見直し

新貸金業法の内容と施行時期

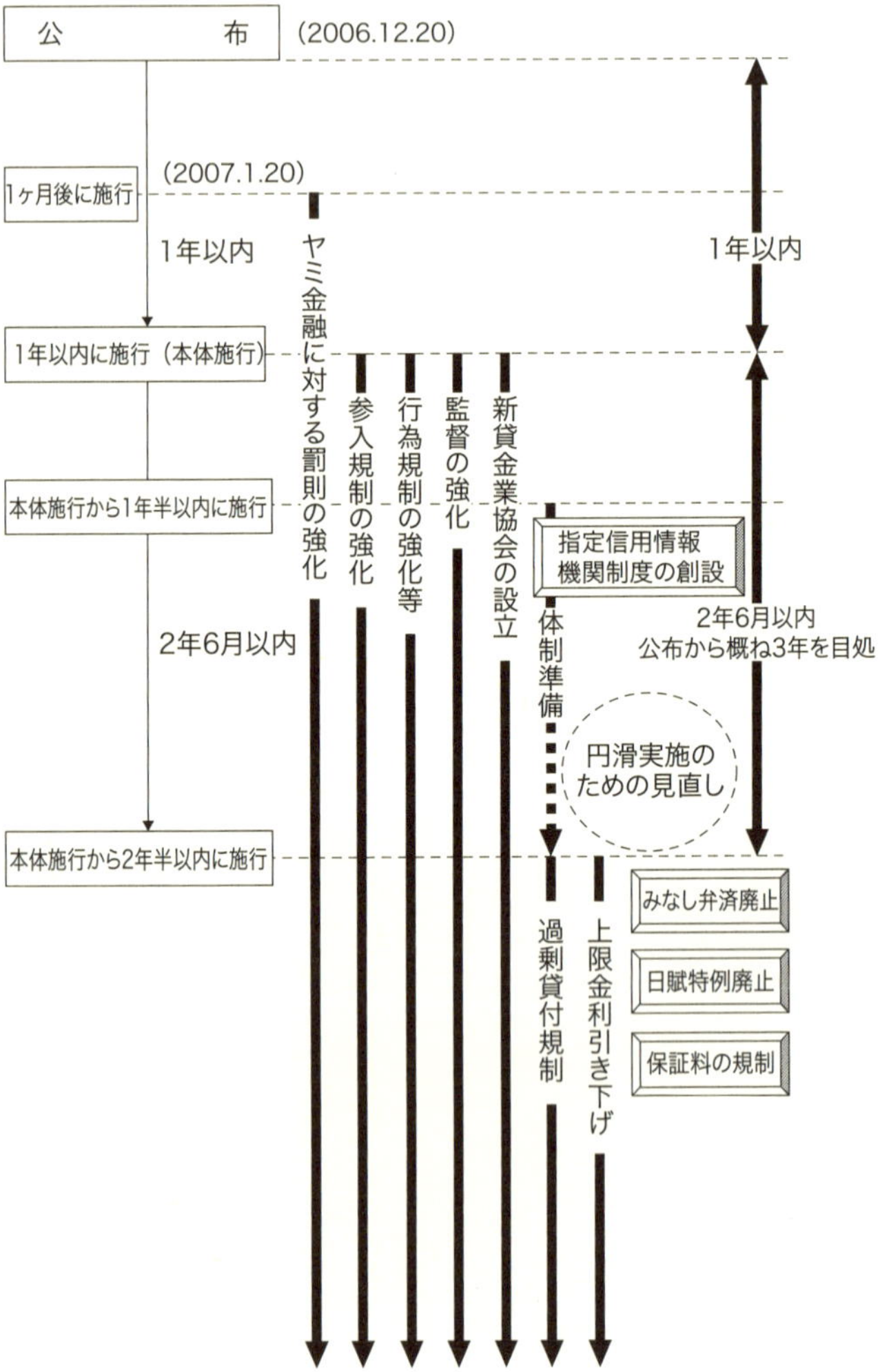
公　布
(2006.12.20)
1ヶ月後に施行
(2007.1.20)
1年以内
1年以内に施行（本体施行）
本体施行から1年半以内に施行
2年6月以内
本体施行から2年半以内に施行
1年以内
2年6月以内
公布から概ね3年を目処
ヤミ金融に対する罰則の強化
参入規制の強化
行為規制の強化等
監督の強化
新貸金業協会の設立
指定信用情報機関制度の創設
体制準備
円滑実施のための見直し
過剰貸付規制
上限金利引き下げ
みなし弁済廃止
日賦特例廃止
保証料の規制

を行う旨の見直し規定が置かれています。

3 多重債務者対策本部の設置

新法の公布から概ね三年後である二〇〇九年一二月末以降においては、金利規制と過剰貸付規制をはじめとする貸金業規制が大幅に強化されることになるので、多重債務者の発生は大幅に抑制されることになると思われます。

しかしながら、現在返済困難に陥っている多重債務者は、二三〇万人を超えるといわれています。

政府は、現在存在する多重債務者対策に取り組むために、新法成立後の二〇〇六年一二月二二日、内閣官房に「多重債務者対策本部」を設置しています。

多重債務者対策本部は、対策本部のもとに設置された有識者会議の取りまとめを受けて、二〇〇七年四月二〇日、「多重債務問題改善プログラム」を決定しています。

多重債務問題改善プログラムにおいては、既存の借り手等を対象とした「借り手対策」として、①丁寧に事情を聞いてアドバイスを行う相談窓口の整備・強化、②借りられなくなった人に対する顔の見えるセーフティネット貸付けの提供、③多重債務者発生予防のための金融経済教育の強化、④ヤミ金の撲滅に向けた取締りの強化、などに取り組むことが決定されています。

4 今後の課題

新法の成立、内閣官房における多重債務者対策本部の設置と多重債務問題改善プログラムの決定などにより、多重債務問題対策は、大きく前進したといえますが、多重債務問題の根本的解決のためには、次に述べるような課題に取り組む必要があります。

(1) 利息制限法の制限金利の引き下げ

新法の公布から概ね三年後の二〇〇九年一二月末以降においては、貸金業者は、利息制限法の制限金利を超える金利での貸付けができなくなります。

しかしながら、利息制限法の制限金利（年一五〜二〇％）でも、利用者特に低所得層の利用者にとっては、まだまだ高いといわねばなりません。基準貸付利率（従来「公定歩合」とされていたもの）が年〇・七五％、銀行の普通預金金利が年〇・二％という超低金利時代であることを考えれば、なおさらのことです。

利息制限法は、一八七七年（明治一〇年）に制定された法律ですが、当初の制限金利は元本一〇〇円未満の場合は年二〇％、元本一〇〇円以上一〇〇〇円未満の場合は年一五％、元本一〇〇〇円以上の場合は年一二%でした。

その後、銀行の貸出約定平均金利等が下落したため、一九一九年（大正八年）に改正が行われ、元本一〇〇円未満の場合は年一五%、元本一〇〇円以上一〇〇〇円未満の場合は年一二%、元本一〇〇〇円以上の場合は年一〇%と制限金利が引き下げられています。

さらに、第二次大戦後の混乱期に物価や銀行の貸出約定平均金利等が上昇したため、一九五四年（昭和二九年）に改正され、元本一〇万円未満の場合は年二〇%、元本一〇万円以上一〇〇万円未満の場合は年一八%、元本一〇〇万円以上の場合は年一五%と金額区分が変更されるとともに制限金利が引き上げられています。

この時の利息制限法の制限金利が現在も続いているのですが、一九五四年当時の銀行の貸出約定平均金利は年九・〇八%でしたが、現在の銀行貸出約定平均金利は年一・七九八%（二〇〇七年二月現在）であり極めて低い水準となっているので、利息制限法の制限金利の引き下げも検討されるべき情勢になっているといえます。

(2) 貧困・格差問題の解決

現在わが国においては、貯蓄ゼロ世帯・生活保護受給世帯・非正規雇用・働く貧困層（ワーキングプア）・ネットカフェ難民の増加などに象徴される貧困と格差の拡大が大きな社会問題となっています。このような貧困や格差が世代を超えて拡大再生産されるという「貧困の連鎖」「貧困の世襲化」が発生していることに現在の貧困問題・格差問題の深刻さがあります。

クレジット・サラ金の利用者が拡大し多重債務者が増加した背景には、このような貧困と格差の拡大問題があります。

多重債務問題を根本的に解決するためにも、広がりつつある貧困・格差問題の解決が極めて重要になってくるものと思われます。

三章

多重債務の解決方法

1 多重債務を解決する四つの方法

解決できない借金問題はない！

どんなに多額の借金・多重債務を抱えていても、必ず解決する方法があります。したがって、クレジット・サラ金業者の督促や取立てが厳しくても、決して悲観して自殺してはいけません。人生は、何度でもやり直しができますが、命を失ってしまったらそれもできなくなってしまいます。

また、多額の借金や過酷な取立てを苦にして夜逃げする人も多いのですが、夜逃げは借金問題の根本的な解決になりません。さらに、借金苦のために犯罪を犯せば、それこそ取返しがつかないことになります。

多重債務の解決方法としては、任意整理、特定調停、個人再生、自己破産などの方法があります。自分の収入と比較して債務（借金）がそれほど多額でない場合は、任意整理や特定調停により債務整理をすることができます。

任意整理や特定調停は、貸金業者と交渉して、それまでの条件を見直し、新たに合意した条件に基づいて債務を返していく方法です。具体的には、利息制限法に基づいて計算し直して残債務を確定させ、収入の範囲内で一括弁済または分割弁済による和解交渉を行います。

この方法だと債務を大幅に減らすことができます。なぜなら、サラ金やクレジットカードによるキャッシングの金利の大半が、利息制限法の制限金利を大幅に上回る金利となっているからです。さらに、取引期間が長い業者に対しては、過払金の返還請求ができる場合があります。また、ヤミ金融から借りた金銭は不法原因給付（民法七〇八条）となるので返還する義務はありません。さらに、ヤミ金融に支払った金銭は全額不当利得（民法七〇三、七〇四条）となり返還請求ができます。

個人再生を利用すると任意整理や特定調停で債務を整理するよりも債務の大幅なカットを受けられます。

任意整理や特定調停、個人再生による債務整理も困難なほど多額の債務を抱えていたり、安定した収入のない人は、自己破産申立てをして免責許可決定を受ければ多重債務の重荷から解放されて再出発することができます。

2　貸金業者の督促・取立てを止める方法

クレジット・サラ金・商工ローン・ヤミ金融業者などの督促・取立てに苦しんでいる多重債務者が弁護士や司法書士に債務整理を依頼し、弁護士や司法書士が介入通知を出せば、業者の過酷な督促・取立ては止まります。

また、多重債務者本人が特定調停・個人再生・自己破産などの手続をとったときも、このような法的手続をとったことの通知をクレジット・サラ金・商工ローン・ヤミ金融業者に出せば、督促・取立ては止まります。業者の督促・取立てが止まれば、もう借金返済のために新たな借金をしなくてもよくなります。

悪質な業者は刑事告訴や行政処分申立てを

それでも、執拗に暴力的・脅迫的な取立てを繰り返す貸金業者には、裁判所に対し暴力的・脅迫的取立ての禁止を求める仮処分申請をすることができますし、慰謝料の支払いを求める損害賠償請求訴訟を起こすこともできます。また、貸金業法違反(取立行為規制違反)や暴行罪、脅迫罪、恐喝罪などで刑事告訴をすることができますし、監督官庁(金融庁財務局、都道府県知事)に対し、業務停止や登録取消しを求める行政処分の申立てをすることもできます。

3 任意整理

(1) 任意整理とは

弁護士が債務整理の相談を受けた場合、債務額がそれほど多額でないときは任意整理を行うのが一般的です。

任意整理とは、裁判所などの公的機関を利用しないで、私的に直接クレジット・サラ金業者などと和解交渉をして債務整理をすることです。

任意整理では債務の減額、将来利息のカット、一括または分割による弁済などにより債務整理が行われます。分割弁済の場合は、三年程度、長くても五年以内で返済できる債務の額かどうかが、任意整理ができるかどうかの目安となります。

(2) 払わなくてもよい金利がある

利息制限法の制限金利を超える利息契約は無効

利息制限法では、借金の元本額によって制限金利を定めています。制限金利を超過する部分についての利息契約は無効です。

クレジット・サラ金業者の大半は利息制限法違反の高金利で営業しています。利息制限法の制限金利を超過する部分は元本に充当でき、元本に充当した結果、元本が完済となった後の過払金は返還請求ができるというのが最高裁判所の判例です。利息制限法による引き直し計算を行うと、一般的には、クレジット・サラ金業者の債務額の二〜三割は減額できます。

⑶ヤミ金融の債務整理

出資法は、金融業者が年二九・二％を超える利息の契約をするか、これを超える利息を要求または受領したときは、五年以下の懲役もしくは一〇〇〇万円以下の罰金またはこれらを併科し、年一〇九・五％を超える利息の約束をするか、これを超える利息の要求または受領したときは、一〇年以下の懲役もしくは三〇〇〇万年以下の罰金またはこれらを併科すると定めています。

ところが、ヤミ金融は、「トヨン」（一〇日で四割、年一四六〇％）、「トゴ」（一〇日で五割、年一八二五％）というように違法な超高金利で貸付けを行っています。中には、金利が一日二〇割（年七万三〇〇〇％）という、途方もない超高金利をとるヤミ金融も出現してきています。

ヤミ金融との債務整理の交渉にあたっては、ヤミ金融に一銭たりとも不法な利益を上げさせないという方針を堅持することが大切です。少しでも返済すると、その金銭を使ってまた第三者に超高金利で貸付け、新たな被害を生み出すことになるからです。

ヤミ金融の金銭消費貸借契約は、出資法違反の契約ですから、契約全体が公序良俗違反（民法九〇条）で無効です。また、利息が年一〇九・五％を超える金銭消費貸借契約は、二〇〇三年七月二五日に成立したヤミ金融対策法（貸金業規制法と出資法の一部改正法）によっても契

ヤミ金融に対する通知書

2007年7月24日

××金融　御中

東京都○○区△△ 2-24-6
通知人　田中 一郎
代理人弁護士　宇都宮 健児
同　木村 裕二
同　岩重 佳治
同　三上 理
同　酒井 恵介
東京都中央区銀座 6-12-15 西山ビル7階
東京市民法律事務所
電話 03（3571）6120
FAX03（3571）9379

不当利得返還請求通知書

当職らは、東京都○○区△△ 2-24-6 在住の通知人田中一郎（以下「依頼者」という）の代理人として次のとおり通知致します。

当職らの調査によれば、貴社（貴殿）の本件融資は、出資法5条2項・3項の金利規制（年29.2%を越える利息を約束したりこれを越える利息を受領したときは5年以下の懲役もしくは1000万円以下の罰金またはこれらを併科することになっています）に違反していることが明らかですので、不本意ながら刑事告訴などの法的手続きをとらざるを得ません。

本件融資は、出資法の金利規制を大幅に上回る暴利行為であり、貸金業規制法42条の2により無効または民法90条により公序良俗違反で無効となるものです。また、貴社（貴殿）が依頼者に対してなした金銭の給付は民法708条の不法原因給付となるものであり、依頼者は、返還する義務がないものです。

依頼者が貴殿に送金した**合計金 166,231 円**は、民法703条または704条により、貴社（貴殿）の不当利得となりますので、これを本日中に下記口座に振込送金してご返還下さいますようお願い致します。

万一、貴社（貴殿）らが依頼者や家族、勤務先への連絡や取立を継続されたりした場合は貴社（貴殿）に対する刑事上、民事上の責任を厳しく追及する所存です。

なお本件に関する一切を当職らが受任しておりますので、今後は全ての連絡を当職ら宛にいただきたくお願い致します。

記

振込口座　○○銀行 △△支店
普通口座　△△△△△△△
名　義　宇都宮 健児

約が無効となります（貸金業規制法四二条の二第一項）。ヤミ金融から受け取った金銭は不法原因給付（民法七〇八条）となるので返還義務はありません。

また、借主がヤミ金融に支払った金銭、あるいは少なくともヤミ金融に支払った金銭とヤミ金融から借主が受け取った金銭の差額は、不当利得（民法七〇三条、七〇四条）となるので返還請求をすることができます。

ヤミ金融は、恐れれば恐れるほど暴力的・脅迫的取立てをエスカレートさせてきます。したがって、ヤミ金融の暴力的・脅迫的な取立てに対しては、毅然として対応し、警察に対し直ちに被害届を出したり刑事告訴を行うことが大切です。

⑷ 任意整理は弁護士や司法書士に依頼する

クレジット・サラ金業者との交渉は、お金を借りている債務者本人や親族でもすることができます。

しかし、本人や親族による交渉では、クレジット・サラ金業者がなかなか取引経過を明らかにせず、また利息制限法に基づく交渉にも大半のクレジット・サラ金業者が応じてくれないのが現状です。また、クレジット・サラ金業者からの取立てもなかなか止まりません。結果として、本人や親族による交渉では、クレジット・サラ金業者のいいなりの和解となってしまいます。ですから、任意整理は弁護士や司法書士に依頼した方がよいでしょう。

弁護士や司法書士が任意整理事件を引き受けると、すぐにクレジット・サラ金業者に対し受任通知を出します。これが届けば、クレジット・サラ金業者の督促・取立ては止まりますので、もう返済資金の調達に悩まなくてもよくなります。

(5) 任意整理の手続

利息制限法に基づく引き直し計算を行う

任意整理は、債権者に対する受任（介入）通知→債務の調査→債務の確定→弁済案の作成・送付→債権者との交渉→債権者の同意→弁済の開始というような時間的順序で行われます。

任意整理における債務の調査、確定作業は、クレジット・サラ金業者ごとに取引経過を調査して、利息制限法に基づく引き直し計算を行い、残債務を確定します。

残債務が確定したら、収入の範囲内で可能な一括弁済案または分割弁済案を業者に提示

任意整理手続の流れ

受任（介入）通知
↓
債　務　調　査
↓
債　務　確　定
↓
整理案（弁済案）の作成
↓
業 者 と の 交 渉
↓
整理案に対する業者の同意
↓
弁　済　の　開　始

利息制限法による計算方法

[事例]

2006年6月30日にサラ金A社より50万円を年29.2%（閏年においては年29.28%、日歩8銭）で借り入れ、毎月末、1年間にわたり利息だけ支払ってきた場合。

借入先	A社
借入年月日	2006年6月30日
借入元本	500,000円
借入年率	平年29.2%、閏年29.28%（2008年は閏年） （いずれも日歩8銭）

借入年月日	返済年月日 A	日数 B	支払額 C	利息制限法利息 D	超過支払利息 E=(C-D)	残元本 F
2006.6.30						500,000
	2006.7.31	31	12,400	7,643①	4,757	495,243
	2006.8.31	31	12,400	7,571②	4,829	490,414
	2006.9.30	30	12,000	7,255③	4,745	485,669
	2006.10.31	31	12,400	7,424	4,976	480,693
	2006.11.30	30	12,000	7,111	4,889	475,804
	2006.12.31	31	12,400	7,273	5,127	470,677
	2007.1.31	31	12,400	7,195	5,205	465,472
	2007.2.28	28	11,200	6,427	4,773	460,499
	2007.3.31	31	12,400	7,043	5,357	455,342
	2007.4.30	30	12,000	6,736	5,264	450,078
	2007.5.31	31	12,400	6,880	5,520	444,558
	2007.6.30	30	12,000	6,577	5,423	439,135

[計算式]

① $500{,}000 \times 0.18 \times \frac{31}{365} = 7{,}643$

② $495{,}256 \times 0.18 \times \frac{31}{365} = 7{,}571$

③ $490{,}440 \times 0.18 \times \frac{31}{365} = 7{,}255$

※サラ金A社に対し毎月約定利息（年29.2%）の利息を支払っていく場合、利息制限時に基づく引き直し計算をすると、2011年11月30日には8,157円の過払金があることになります。サラ金A社の計算によれば、同時点における残債務は500,000円となります。

して、交渉を行います。

⑹ 任意整理を行う場合の原則

任意整理を行うには、すべての債権者との間で示談を成立させることができるかどうかが成功するか失敗するかの分かれ目となります。

クレジット・サラ金業者の中には、

①過去の取引経過を開示しない。

②「みなし弁済規定」の適用を主張する。

③返済日における返済を一回でも怠れば期限の利益を喪失する旨の期限の利益喪失約款を盾に取って、遅滞日以降の遅延損害金を請求する。

④分割弁済の場合、完済するまでの将来利息を要求する。

⑤利息制限法に基づいて計算したら過払いとなる場合でも、少額ではあるが和解金を要求する。

⑥弁護士が受任（介入）通知をした後も、債務者本人やその親族に対し請求を繰り返す。

というような業者もいます。

このような業者に対しては、次のように対処することが大切です。

①取引経過を開示しない業者に対しては、監督官庁（金融庁財務局や都道府県知事）に対し苦情申立てを行うなどして、取引開始時点からすべての取引経過の開示をさせる。その上で、利息制限法に基づき債務額を確定する。

②「みなし弁済規定」の主張は一切認めない。

③期限の利益喪失や遅延損害金の主張は一切認めない。

④分割弁済においては、完済までの将来利息は一切つけない。

⑤利息制限法で計算して過払いとなる場合は、必ず過払金の返還を求め、場合によっては過払金返還請求訴訟を提起する。貸金業者に対する和解金の支払いは拒絶する。

⑥弁護士・司法書士介入後も悪質な督促・取立てを繰り返す業者に対しては、必ず行政処分の申告・刑事告訴・取立禁止の仮処分申請・慰謝料請求訴訟の提起などを行う。

⑦ヤミ金融業者に対しては、一銭たりとも不法な利益を上げさせないという方針を堅持する。ヤミ金融の貸付行為は公序良俗違反（民法九〇条）またはヤミ金融対策法により無効であり、ヤミ金融から受け取った金銭は不法原因給付（民法七〇八条）となるので一切返還しない。また、借主がヤミ金融に支払った金銭あるいは少なくとも借主がヤミ金融に支払った金銭とヤミ金融から受け取った金銭の差額は不当利得（民法七〇三条、七〇四条）となるので返還請求をする。また、刑事告訴、行政処分の申立てなども積極的に行う。

(7)「みなし弁済規定」の内容と最高裁の判例

「みなし弁済規定」とは

本来、利息制限法の制限金利を超える利息部分は無効なのですが、貸金業法四三条一項には一定の要件を満たすことを条件に例外的に債務者が支払った「グレーゾーン金利」を有効な利息の支払いとみなす「みなし弁済規定」がおかれています。

貸金業法四三条一項が定める「みなし弁済規定」の適用要件は、①貸金業者（登録を受けて貸金業を営む者）が業として行う金銭消費貸借上の利息又は損害金の契約に基づく支払であること、②利息制限法の制限金利を超える金額を債務者が利息又は損害金と指定して「任意に」支払ったこと、③貸金業法一七条一項の規定により法定の契約書面（以下「一七条書面」という）を遅滞なく交付していること、④貸金業規制法一八条一項の規定により法定の受取証書（以下「一八条書面」という）を直ちに交付していることなどであり、「みなし弁済」の適用除外要件は、①業務停止中の貸付契約に基づく支払いであること、②物価統制令一二条（抱合わせ、負担付行為の禁止）に違反してなされた貸付契約に基づく支払いであること、③出資法の金利規制に違反してなされた貸付契約に基づく支払いであること、などとなっています。

相次いだ「みなし弁済規定」（グレーゾーン金利）を否定する最高裁判決

みなし弁済規定の解釈つまりグレーゾーン金利の有効性をめぐっては、この間の訴訟において、リボルビング方式による支払い、ATMの利用など立法時には想定されていなかった貸金業者の営業実態に合わせてみなし弁済規定の要件を緩和して解釈していくのか、利息制限法の例外となるみなし弁済規定の要件を厳格に解釈していくのかが争われてきました。

最高裁は、利息制限法の例外を認めることになるみなし弁済規定については、適用要件を厳格に解釈するべきだと判断した上で、このところ立て続けにみなし弁済規定つまりグレーゾーン金利を否定する債務者（借り手）保護の判決を出しています。

みなし弁済規定の適用が認められない場合は、原則に戻って利息制限法が適用されることになります。そして、利息制限法の制限利息超過部分は元本に充当され、元本に充当された結果過払金が生じた場合は過払金の返還請求ができるということが、これまでの最高裁の判例です（一九六四年一一月一八日最高裁大法廷判決、一九六八年一一月一三日最高裁大法廷判決）。

以下、みなし弁済規定（グレーゾーン金利）を否定したこの間の主な最高裁判決の内容を紹介します。

①二〇〇四年二月二〇日最高裁第二小法廷判決

商工ファンド（現ＳＦＣＧ）に関する上告事件で最高裁は、「貸金業者の業務の適正を確保し、貸金需要者等の利益の保護を図ること等を目的として、貸金業に対する必要な規制等を定める法の趣旨・目的（貸金業規制法一条）と、業務規制に違反した場合の罰則が設けられていること等にかんがみると、貸金業規制法四三条一項の規定の適用要件については、これを厳格に解釈すべきものである」とした上で、①天引利息については、みなし弁済規定の適用はない、②みなし弁済規定が適用されるためには、貸金業規制法一七条一項書面（契約書面）には同項所定の事項すべてが記載されていなければならない、③みなし弁済規定が適用されるためには、貸金業規制法一八条一項書面（受取証書）を弁済を受けた後「直ちに」債務者に交付しなければならない。弁済の日から二〇日余り経過した後に交付したとしても「直ちに」交付されたということができないと判示しました。

この最高裁判決は、みなし弁済の適用要件に関し、はじめてこれを厳格に解釈することを明確にした判決です。

②二〇〇五年一二月一五日最高裁第一小法廷判決

コスモコーポレーションに関する上告事件で最高裁は、いわゆるリボルビング方式の貸付けの場合にも、契約書に返済期間、返済金額等の記載がない場合は一七条書面の交付があったとは認められないとして、みなし弁済規定の適用を否定しました。

③二〇〇六年一月一三日最高裁第二小法廷判決

シティズに関する上告事件で最高裁は、「分割弁済の支払いが遅れた場合残金を一括で弁済するという特約いわゆる期限の利益喪失特約がある場合、利息制限法の制限利率を超える部分の利息の支払遅滞の場合に期限の利益を喪失するという部分は無効であるが、期限の利益喪失特約の存在は、通常は債務者に対し支払期日に約定の元本とともに制限超過部分を含む約定利息を支払わない限り、期限の利益を喪失し残元本全額を直ちに一括して支払い、これに対する遅延損害金を支払うべき義務を負うことになるとの誤解を与え、その結果このような不利益を回避するために制限超過部分を支払うことを債務者に事実上強制することになるものというべきである。したがって、期限の利益喪失特約の下で、債務者が利息として制限額をこえる額の金銭を支払った場合には、右のような誤解が生じなかったといえるような特段の事情がない限り、債務者が自己の自由な意思によって制限超過部分を支払ったものと解することはできないと解するのが相当である」として、みなし弁済規定の適用を否定しました。

また、この最高裁判決では、貸金業者が弁済受領後に交付すべき一八条書面の法定記載事項とされている「契約年月日」等を「契約番号」等の記載で代えることができるとした貸金業法施行規則一五条二項の規定は、貸金業法の委任の範囲を逸脱した違法・無効な規定であると判示しています。

最高裁判決の意義

この間の最高裁判決は、いずれも利息制限法があくまでも大原則であり、その例外を認める「みなし弁済規定」の適用に関しては一貫して厳格に解釈するという債務者保護、消費者保護の姿勢を強く打ち出しています。

特に、わが国のクレジット・サラ金・商工ローン業者の大半が期限の利益喪失特約の入った契約書を使用している現状においては、ほとんどすべての業者がみなし弁済が適用されるための任意性の要件を欠くことになりますので、二〇〇六年一月一三日の最高裁判決は、これまで出された最高裁判決の中でも最も大きな影響を与える判決と考えられます。

この結果、クレジット・サラ金・商工ローンなどを利用している債務者は、取引履歴を開示させた上で利息制限法で引き直し計算すれば、残債務額を大幅に圧縮でき、取引期間が長い場合は過払金の返還請求が可能となります。このことは、多重債務の返済に苦しんでいる多重債務者にとって大きな救済となります。

さらに、最高裁第三小法廷は、二〇〇五年七月一九日、キャスコに関する上告事件で、貸金業者には取引履歴の開示義務があり、取引履歴の開示拒絶は違法となると判示しています。

貸金業者の中には、取引履歴を開示した結果、利息制限法による引き直し計算で債権額が減縮されたり過払金の返還義務が発生するのを避けるために意図的に取引履歴の開示を拒否する業者も存在しましたが、最高裁はこれは違法となり不法行為による損害賠償が認められると判断したわけです。

二〇〇九年一二月末には「みなし弁済規定」は廃止される

このような最高裁判決は、立法にも大きな影響を与えることになり、前述したとおり二〇〇六年一二月一三日には、「みなし弁済規定」を廃止するという画期的な新貸金業法が成立したものです。

新貸金業法の公布から概ね三年後（二〇〇九年一二月二〇日）までは、「みなし弁済規定」は残りますが、債務者はこの間の最高裁判決を踏まえて、利息制限法により引き直し計算を行って債務額の圧縮や過払金返還請求を行っていけばよいわけです。

(8) 過払金返還請求

「みなし弁済規定」の適用が認められない場合は、取引経過を調査した上で、利息制限法に基づき引き直し計算をした上で残債務を確定することになります。

利息制限法の制限金利超過部分は無効であり、超過部分は元本に充当され元本がゼロになった後も支払われた過払金は返還請求ができます（一九六四年一一月一八日最高裁大法廷判決、一九六八年一一月一三日最高裁大法廷判決）。

過払金返還請求の訴状

訴　　状

収　入
印　紙

(3,000 円)

平成 19 年 5 月 15 日

東京簡易裁判所　御中

原告訴訟代理人弁護士　　宇都宮　健　児　印
同　　　　　　　　　　　木　村　裕　二　印
同　　　　　　　　　　　岩　重　佳　治　印
同　　　　　　　　　　　三　上　　　理　印
同　　　　　　　　　　　酒　井　恵　介　印
同　　　　　　　　　　　白　石　裕美子　印

〒○○○-△△△△
東京都○○区△△ 2 - 24 - 6
原　　告　　　　　　　　田中一郎

〒 104 - 0061
東京都中央区銀座 6 - 12 - 15　西山ビル 7 階
電　話　03 - 3571 - 6051
FAX　03 - 3571 - 9379
東京市民法律事務所（送達場所）
原告訴訟代理人弁護士　　宇都宮健児
同　　　　　　　　　　　木村裕二
同　　　　　　　　　　　岩重佳治
同　　　　　　　　　　　三上　理
同　　　　　　　　　　　酒井恵介
同　　　　　　　　　　　白石裕美子

〒 160 - 0023
東京都新宿区西新宿 8 - 15 - 1
被告　　　　　　　　　　株式会社　武富士
代表者代表取締役　　　　武井健晃

不当利益返還請求事件
訴訟物の価額　24 万 6519 円
ちょう用印紙額　　3000 円

第１　請求の趣旨

1　被告は原告に対し、25万7797円および内金24万6519円に対する平成18年1月28日から支払い済みまで年5パーセントの割合による金員を支払え

2　訴訟費用は被告の負担とする

との判決並びに仮執行宣言を求める。

第２　請求の原因

1　当事者

被告は、消費者向けに利息制限法に違反する高利で貸付を行うことを主な業務とする株式会社である。

原告は、被告から金銭を借り受け、長時間にわたり、返済を続けてきた者である。

2　不当利得返還請求権

(1) 被告は、原告に対して、別紙取引計算書記載のとおり、同計算書「年月日」欄記載の日に、同計算書「貸付額」欄記載の金額の金員を貸し付け、原告は、同貸付けに基づき、被告に対し、同計算書の「年月日」欄記載の日に、同計算書「支払額」欄記載の金額の金員を支払った。

(2) 被告は、原告による上記支払いが、利息制限法所定の制限利率を超過する利息の約定に基づいていることを知りながら、これを受領していた。

(3) 本件取引経過を利息制限法所定の制限利率に引き直して計算すると、別紙取引計算書のとおり、過払金（不当利得返還請求権）が発生しており、その額は、最終の取引日である2006年（平成18年）1月27日現在、元金24万6519円、利息1万1278円となる。

(4) よって、原告は被告に対し、民法704条の不当利得返還請求権に基づき、過払金元金24万6519円および利息1万1278円、ならびに過払金元金24万6519円に対する最終の取引日の翌日である平成18年1月28日から支払済みまで民法所定の年5パーセントの割合による利息の支払いを求める。

証拠方法

追って、提出する。

添付書類

1	訴状副本	1通
2	訴訟委任状	1通
3	資格証明書	1通

原告　田中一郎
被告　株式会社武富士

取引計算書

	元金	利息	合計
残債務	0	0	0
過払金	246,519	11,278	257,797

年	月	日	貸付額	支払額	日数	年間	利率	発生利息	残元本	未払利息	過払金利率	過払金額	過払発生利息	過払累積利息
1998	11	10	200,000	0	0	365	18	0	200,000	0	5	0	0	0
1998	11	10	300,000	0	0	365	18	0	500,000	0	5	0	0	0
1998	11	10	0	299,800	0	365	18	0	200,200	0	5	0	0	0
1998	11	10	200,000	0	0	365	18	0	400,200	0	5	0	0	0
1998	12	2	0	20,000	22	365	18	4,341	384,541	0	5	0	0	0
1999	1	5	0	17,000	34	365	18	6,447	373,988	0	5	0	0	0
1999	1	6	20,000	0	1	365	18	184	393,988	184	5	0	0	0
1999	1	27	0	17,000	21	365	18	4,080	381,252	0	5	0	0	0
1999	2	8	20,000	0	12	365	18	2,256	401,252	2,256	5	0	0	0
1999	2	14	20,000	0	6	365	18	1,187	421,252	3,443	5	0	0	0
1999	2	17	30,000	0	3	365	18	623	451,252	4,066	5	0	0	0
1999	2	18	0	400,000	1	365	18	222	55,540	0	5	0	0	0
1999	2	20	30,000	0	2	365	18	54	85,540	54	5	0	0	0
1999	2	28	40,000	0	8	365	18	337	125,540	391	5	0	0	0
1999	3	6	40,000	0	6	365	18	371	165,540	762	5	0	0	0
1999	3	9	50,000	0	3	365	18	244	215,540	1,006	5	0	0	0
1999	3	22	30,000	0	13	365	18	1,381	245,540	2,387	5	0	0	0
1999	3	22	0	11,000	0	365	18	0	236,927	0	5	0	0	0
1999	4	20	30,000	0	29	365	18	3,388	266,927	3,388	5	0	0	0
1999	4	20	0	11,000	0	365	18	0	259,315	0	5	0	0	0
1999	5	25	0	10,000	35	365	18	4,475	253,790	0	5	0	0	0
1999	5	25	20,000	0	0	365	18	0	273,790	0	5	0	0	0
1999	5	29	10,000	0	4	365	18	540	283,790	540	5	0	0	0
1999	6	6	20,000	0	8	365	18	1,119	303,790	1,659	5	0	0	0
1999	6	12	20,000	0	6	365	18	898	323,790	2,557	5	0	0	0
1999	6	29	0	10,000	17	365	18	2,714	319,061	0	5	0	0	0
1999	6	29	10,000	0	0	365	18	0	329,061	0	5	0	0	0
1999	7	6	50,000	0	7	365	18	1,135	379,061	1,135	5	0	0	0
1999	7	30	0	17,000	24	365	18	4,486	367,682	0	5	0	0	0
1999	7	30	30,000	0	0	365	18	0	397,682	0	5	0	0	0
1999	9	2	0	12,000	34	365	18	6,667	392,349	0	5	0	0	0
1999	9	2	10,000	0	0	365	18	0	402,349	0	5	0	0	0
1999	9	11	20,000	0	9	365	18	1,785	422,349	1,785	5	0	0	0
1999	9	27	0	15,000	16	365	18	3,332	412,466	0	5	0	0	0
1999	10	29	0	12,000	32	365	18	6,509	406,975	0	5	0	0	0
1999	10	29	20,000	0	0	365	18	0	426,975	0	5	0	0	0
1999	10	29	0	10,000	0	365	18	0	416,975	0	5	0	0	0
1999	11	26	0	15,000	28	365	18	5,757	407,732	0	5	0	0	0
1999	11	26	10,000	0	0	365	18	0	417,732	0	5	0	0	0
1999	12	17	20,000	0	21	365	18	4,326	437,732	4,326	5	0	0	0
1999	12	25	0	14,000	8	365	18	1,726	429,784	0	5	0	0	0
2000	1	26	0	15,000	32	366	18	6,763	421,547	0	5	0	0	0
2000	1	28	10,000	0	2	366	18	414	431,547	414	5	0	0	0
2000	2	9	10,000	0	12	366	18	2,546	441,547	2,960	5	0	0	0
2000	2	20	10,000	0	11	366	18	2,388	451,547	5,348	5	0	0	0
2000	2	29	0	15,000	9	366	18	1,998	443,893	0	5	0	0	0
2000	3	31	0	15,000	31	366	18	6,767	435,660	0	5	0	0	0
2000	4	28	0	15,000	28	366	18	5,999	426,659	0	5	0	0	0
2000	4	28	10,000	0	0	366	18	0	436,659	0	5	0	0	0
2000	6	5	0	15,000	38	366	18	8,160	429,819	0	5	0	0	0
2000	6	29	0	15,000	24	366	18	5,073	419,892	0	5	0	0	0
2000	8	4	0	15,000	36	366	18	7,434	412,326	0	5	0	0	0
2000	8	4	10,000	0	0	366	18	0	422,326	0	5	0	0	0
2000	8	31	0	15,000	27	366	18	5,607	412,933	0	5	0	0	0
2000	9	29	0	14,000	29	366	18	5,889	404,822	0	5	0	0	0
2000	11	6	0	15,000	38	366	18	7,565	397,387	0	5	0	0	0
2000	11	29	0	15,000	23	366	18	4,495	386,882	0	5	0	0	0
2001	1	5	0	15,000	37	365	18	7,059	378,941	0	5	0	0	0
2001	2	5	0	12,000	31	365	18	5,793	372,734	0	5	0	0	0
2001	3	5	0	15,000	28	365	18	5,146	362,880	0	5	0	0	0
2001	3	30	0	12,000	25	365	18	4,473	355,353	0	5	0	0	0
2001	5	7	0	14,000	38	365	18	6,659	348,012	0	5	0	0	0
2001	6	4	0	10,000	28	365	18	4,805	342,817	0	5	0	0	0
2001	7	2	0	10,000	28	365	18	4,733	337,550	0	5	0	0	0
2001	7	6	0	2,000	4	365	18	665	336,215	0	5	0	0	0
2001	7	30	0	11,000	24	365	18	3,979	329,194	0	5	0	0	0
2001	8	30	0	13,000	31	365	18	5,032	321,226	0	5	0	0	0
2001	10	1	0	13,000	32	365	18	5,069	313,295	0	5	0	0	0
2001	11	5	0	13,000	35	365	18	5,407	305,702	0	5	0	0	0
2001	11	30	0	13,000	25	365	18	3,768	296,470	0	5	0	0	0
2002	1	4	0	15,000	35	365	18	5,117	286,587	0	5	0	0	0
2002	1	28	0	15,000	24	365	18	3,391	274,978	0	5	0	0	0
2002	2	25	0	13,000	28	365	18	3,796	265,774	0	5	0	0	0
2002	4	4	0	14,000	38	365	18	4,980	256,754	0	5	0	0	0

原告　田中一郎
被告　株式会社武富士

取引計算書

年	月	日	貸付額	支払額	日数	年間	利率	発生利息	残元本	未払利息	過払金利率	過払金額	過払発生利息	過払累積利息
2002	5	2	0	14,000	28	365	18	3,545	246,299	0	5	0	0	0
2002	5	30	0	12,000	28	365	18	3,400	237,699	0	5	0	0	0
2002	7	4	0	14,000	35	365	18	4,102	227,801	0	5	0	0	0
2002	8	5	0	14,000	32	365	18	3,594	217,395	0	5	0	0	0
2002	8	29	0	11,000	24	365	18	2,573	208,968	0	5	0	0	0
2002	9	30	0	13,000	32	365	18	3,297	199,265	0	5	0	0	0
2002	10	31	0	10,000	31	365	18	3,046	192,311	0	5	0	0	0
2002	11	4	0	2,000	4	365	18	379	190,690	0	5	0	0	0
2002	12	6	0	14,000	32	365	18	3,009	179,699	0	5	0	0	0
2002	12	27	0	12,000	21	365	18	1,860	169,559	0	5	0	0	0
2003	1	31	0	13,000	35	365	18	2,926	159,485	0	5	0	0	0
2003	3	3	0	12,000	31	365	18	2,438	149,923	0	5	0	0	0
2003	4	3	0	12,000	31	365	18	2,291	140,214	0	5	0	0	0
2003	5	2	0	12,000	29	365	18	2,005	130,219	0	5	0	0	0
2003	5	27	0	11,000	25	365	18	1,605	120,824	0	5	0	0	0
2003	7	18	0	20,000	52	365	18	3,098	103,922	0	5	0	0	0
2003	7	24	0	10,000	6	365	18	307	94,229	0	5	0	0	0
2003	8	20	0	10,000	27	365	18	1,254	85,483	0	5	0	0	0
2003	9	13	0	5,000	24	365	18	1,011	81,494	0	5	0	0	0
2003	9	20	0	15,000	7	365	18	281	66,775	0	5	0	0	0
2003	10	27	0	13,000	37	365	18	1,218	54,993	0	5	0	0	0
2003	12	4	0	13,000	38	365	18	1,030	43,023	0	5	0	0	0
2003	12	22	0	10,000	18	365	18	381	33,404	0	5	0	0	0
2004	1	29	0	14,000	38	366	18	624	20,028	0	5	0	0	0
2004	2	24	0	10,000	26	366	18	256	10,284	0	5	0	0	0
2004	4	3	0	15,000	39	366	18	197	0	0	5	4,519	0	0
2004	4	23	0	10,000	20	366	18	0	0	0	5	14,519	12	12
2004	5	27	0	12,000	34	366	18	0	0	0	5	26,519	67	79
2004	7	3	0	11,000	37	366	18	0	0	0	5	37,519	134	213
2004	7	25	0	10,000	22	366	18	0	0	0	5	47,519	112	325
2004	8	29	0	15,000	35	366	18	0	0	0	5	62,519	227	552
2004	9	25	0	15,000	27	366	18	0	0	0	5	77,519	230	782
2004	10	30	0	12,000	35	366	18	0	0	0	5	89,519	370	1,152
2004	12	5	0	12,000	36	366	18	0	0	0	5	101,519	440	1,592
2005	1	6	0	10,000	32	365	18	0	0	0	5	111,519	445	2,037
2005	1	30	0	10,000	24	365	18	0	0	0	5	121,519	366	2,403
2005	2	19	0	8,000	20	365	18	0	0	0	5	129,519	332	2,735
2005	3	29	0	13,000	38	365	18	0	0	0	5	142,519	674	3,409
2005	4	27	0	10,000	29	365	18	0	0	0	5	152,519	566	3,975
2005	6	2	0	11,000	36	365	18	0	0	0	5	163,519	752	4,727
2005	7	20	0	13,000	48	365	18	0	0	0	5	176,519	1,075	5,802
2005	7	28	0	10,000	8	365	18	0	0	0	5	186,519	193	5,995
2005	8	29	0	10,000	32	365	18	0	0	0	5	196,519	817	6,812
2005	10	3	0	10,000	35	365	18	0	0	0	5	206,519	942	7,754
2005	10	25	0	10,000	22	365	18	0	0	0	5	216,519	622	8,376
2005	11	26	0	10,000	32	365	18	0	0	0	5	226,519	949	9,325
2006	1	5	0	10,000	40	365	18	0	0	0	5	236,519	1,241	10,566
2006	1	27	0	10,000	22	365	18	0	0	0	5	246,519	712	11,278

サラ金から五〇万円を年二九・二％で借り入れ、毎月約定利息だけを支払った場合、サラ金業者の計算ではいつまでたっても元本五〇万円は減りませんが、利息制限法の制限金利年一八％で引き直し計算すると、毎月約定利息を支払っただけでも五年五か月目で残債務がゼロとなり、その後は過払金が発生することになります。

サラ金の業界団体ＪＣＦＡ（日本消費者金融協会）・ＮＩＣ会が発行している『消費者金融白書二〇〇四年版』によれば、サラ金利用者の平均利用年数は六・五年、一〇年以上は約三割ということです。六・五年もサラ金を利用している人の債務はゼロに近く、一〇年以上もサラ金を利用している人は、過払金が発生している可能性が高いといえます。

現在のサラ金利用者は約一四〇〇万人といわれています。したがって、そのうちの約三割にあたる約四二〇万人は過払金返還請求ができる可能性が強い利用者であるといえます。

過払金が発生した時点から年五％の利息を請求できる

しかも、二〇〇七年七月一三日最高裁第二小法廷は、特段の事情がない限り、過払金については、過払金が発生した時点から年五％の法廷利息を請求できる旨判断しています。

したがって、過払金返還請求をする場合は、過払金に年五％の利息を付けて請求できるわけです。

クレジット・サラ金業者など貸金業者の中には、取引履歴を開示した結果、利息制限法による引き直し計算で債務額を厳縮されたり、過払金の返還請求をされたりするのを避けるために、意図的に取引履歴の開示を拒絶する業者もいますが、二〇〇五年七月一九日最高裁第三小法廷は、貸金業者には取引履歴の開示義務があり、取引履歴の開示拒絶は違法になると判示しています。

過払金を回収できれば、利息制限法に基づき引き直し計算してもなお残債務が残っている他のクレジット・サラ金・商工ローン債務の返還に充てることができますし、他のクレジット・サラ金・商工ローン債務の返済に充ててでも過払金が残るケースもあります。残った過払金は、債務者の生活再生の重要な資金となります。

個人再生・自己破産申立てをしなくてすむ場合もある

また、クレジット・サラ金・商工ローン業者の請求債権額を考慮すれば個人再生申立てや自己破産申立てを選択せざるを得ないと思われる場合でも、取引履歴を調査した上で利息制限法に基づき引き直し計算をすれば多額の過払金が発生し、結果的には個人再生申立てや自己破産申立てをしなくてもよくなる場合もあります。

また、発生した過払金の額が少額で当初の予定通り個人再生申立てや自己破産申立てを選択せざるを得ない場合でも、過払金を回収すれば個人再生申立てや自己破産申立ての費用の一部に充てることができるので、その分債務者の費用負担が少なくてすみます。

したがって、債務整理に関しどのような方法を選択するにしろ、取引履歴を調査した上で、利息制限法に基づく引き直し計算を必ず行い、過払金発生の有無を確認することが大切です。

⑼ 期限の利益喪失約款とは何か

「期限の利益」とは、期限が到来しないことによって受ける利益のことです。債務者の受ける期限の利益とは、期限が来るまでは債務金額の請求を受けないことをいいます。

たとえば、四〇万円を二〇〇七年一月一〇日に借りたとします。そのときに「二〇〇七年九月一〇日までに返済する」と決めた場合の「二〇〇七年九月一〇日」というのが期限の利益をことなのです。

サラ金業者の契約書には、毎月の返済金の支払いを一回でも怠ったときは期限の利益を喪失し、借金の残金を一括して支払わねばならず、すべて払い終わるまでは遅延損害金を支払う旨の「期限の利益喪失約款」が定められているのが一般的です。

しかしながら、サラ金業者の大半は、返済金の支払いを一、二回遅滞したくらいでは、そうした請求をすることはありません。返済金の支払いが一、二回遅れたのに、その後も返済金の受領を続けていた場合、期限の利益喪失の主張を認めず、遅延損害金の支払請求を否定した判例が多数でています。

(10) 同居している家族に内緒で任意整理を行うことは可能か

そもそも家族に内緒でクレジット・サラ金業者から借金をしたために、それらの借金を家族に知られたくなくて、借金返済のための借金を繰り返し、多重債務者に陥ると言うのが、多重債務者の中で見受けられるパターンのひとつです。

多重債務者から脱却しようと思う気持ちが本当にあるならば、家族にすべてを打ち明けて、家族の理解と協力のもとで任意整理を行うべきです。

今後、切り詰めた生活をしながら借金を返していく途中で、万が一、再びサラ金などから借金しないためにも、せっかくうまくいっている任意整理を無駄にしないためにも、家族の理解と協力は必要です。

4 特定調停

(1) 特定調停による債務整理

弁護士や司法書士に頼らず自分で交渉する

一般的に特定調停は、弁護士や司法書士に依頼せずに自分で債務整理を行うときに利用します。調停では、裁判所が選ぶ調停委員が債務者と債権者の言い分を聞きながら、話し合いを進めていきます。

この制度のメリットは、第一にクレジット・サラ金業者からの取立てが止まることです。第二に利息制限法による引き直し計算をすることができるため債務額を減額することができることです。つまり、調停はある意味では裁判所を利用した任意整理であるといえます。

⑵特定調停とは

二〇〇〇年二月一七日より施行されている「特定債務等の調整促進のための特定調停に関する法律」（特定調停法）は、返済困難に陥っている多重債務者にとっては、それまでの民事調停法よりも調停制度が利用しやすくなっています。現在では、多重債務者の調停の大半は、特定調停で行われています。

従来の民事調停法と比較した場合の特定調停法の主な改善点は、

①管轄の異なる債権者が多数いる場合でも一括処理を容易にしたこと
②裁判所の判決や和解調書・調停調書による民事執行手続停止も可能になったこと

しかも場合によっては無担保で民事執行手続の停止を命ずることが可能となったこと
③クレジット・サラ金業者などの債権者が取引経過などの資料を提出しないときは、調停委員会が提出命令を出すことができ、正当な理由なく提出しない債権者に対しては一〇万円以下の過料の制裁を加えることができるようになったこと
などです。

特定調停申立てをした旨をクレジット・サラ金業者に通知すれば、クレジット・サラ金業者の取立ては止まります。

(3) 特定調停申立ての手続

まず、特定調停を申し立てる前に借入と返済の状況をしっかり把握しておくことです。

通常、債務者が詳細な借入の記録を残していることはめったにないので、その場合はクレジット・サラ金業者に対して資料を請求することになります。クレジット・サラ金業者はこれに応じる義務があります。

特定調停は、相手方の住所、居所、営業所を管轄する簡易裁判所に申立てます。債務額を確定した上で、申立書には、本人の生活状況、具体的な返済方法などを書き込みます。

申立書が受け付けられ、裁判所から調停の日の通知が届いたら、出頭します。

特定調停手続の流れ

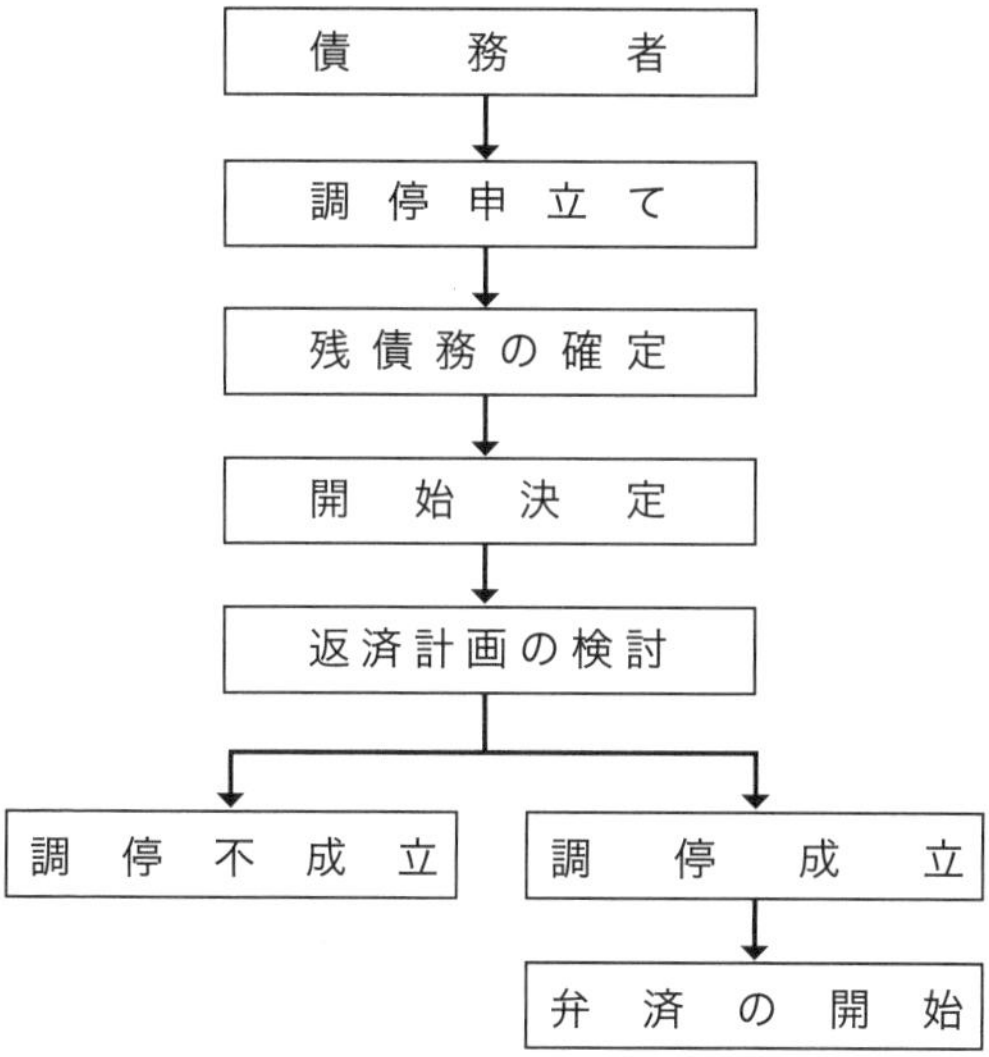

調停は、調停委員会が、債務者と債権者との言い分を聞き、それぞれに伝えます。債務者は、調停の場では、すべての債務の額を明らかにして、月々の返済がどれくらいなら可能か、率直に話すことが大切です。

一般的に、取引開始時点から取引経過を調査した上で利息制限法に基づいて引き直し計算すると債務の二～三割程度が減額され、減額された債務を分割で返済する話し合いが行われます。返済計画について合意がなされれば、調停成立となり、調停調書が作られます。

特定調停申立書

特定調停申立書

平成　　年　　月　　日

東京簡易裁判所　御中

特定調停手続により調停を行うことを求めます。

申立人	住所（〒　　-　　） （フリガナ） 氏名　　　　　　　　　印（☎　　　　） （FAX　　　　）
相手方	住所（法人の場合は本店）（〒　　-　　） 氏名（法人の場合は会社名・代表者名） （☎　　　　） （FAX　　　　） 代表者代表取締役 （支店・営業所の所在地）（〒　　-　　） （☎　　　　） （FAX　　　　）
申立ての趣旨	（該当の項目に○を付けてください。） 1 債務額を確定したうえ債務支払方法を協定したい。 2 紛争の要点2つの債務を負っていないことを確認する。

	調停事項の価額　　円 手　数　料　　円		貼用印紙欄
	ちょう用印紙　　円	印	
受　付　印	予納郵便切手　　円		

（一般個人用）

紛争の要点

1　債務の種類

- □　借受金債務
- □　保証債務（借受人氏名　　　　　　　　　　　）
- □　立替金
- □　求償金
- □　その他

2　借受金額等

契約日	借受金額	利息 年％	損害金 年　％	備考

3　返済状況

期間	返済した金額	残元本	利息・ 損害金 の残金	備考

備考　□契約番号（　　　　　　　）□生年月日　大・昭　　年　月　日

添付書類

□契約書（写）　　　　□領収書（写）

□その他

特定債務者の資料等（一般個人用）

1　申立人の資産等

(1) 資産

(2) 負債

紛争の要点２及び関係権利者一覧表記載のとおり

(3) その他の財産の状況

2　申立人の生活状況

(1) 職業

勤務先の名称　　　　☎（　　-　　-　　）

(2) 月収（手取）

(3) その他

	氏　　名	続柄	職　業	月収（手取）	同・別居
家族の状況					

3　申立人の返済についての希望

毎月　　万円位

平成　　年（得／）第　　　　　号～第　　　　　号

関係権利者一覧表

申立人 ____________________

<table>
<tr><td rowspan="2">番号</td><td>氏名又は名称</td><td colspan="3">債権の発生原因・内容</td><td rowspan="2">担保権の発生原因・内容</td></tr>
<tr><td>住所</td><td>年月日</td><td>金額</td><td>残高</td></tr>
<tr><td rowspan="2">1</td><td></td><td rowspan="2"></td><td rowspan="2"></td><td rowspan="2"></td><td rowspan="2"></td></tr>
<tr><td></td></tr>
<tr><td rowspan="2">2</td><td></td><td rowspan="2"></td><td rowspan="2"></td><td rowspan="2"></td><td rowspan="2"></td></tr>
<tr><td></td></tr>
<tr><td rowspan="2">3</td><td></td><td rowspan="2"></td><td rowspan="2"></td><td rowspan="2"></td><td rowspan="2"></td></tr>
<tr><td></td></tr>
<tr><td rowspan="2">4</td><td></td><td rowspan="2"></td><td rowspan="2"></td><td rowspan="2"></td><td rowspan="2"></td></tr>
<tr><td></td></tr>
<tr><td rowspan="2">5</td><td></td><td rowspan="2"></td><td rowspan="2"></td><td rowspan="2"></td><td rowspan="2"></td></tr>
<tr><td></td></tr>
<tr><td rowspan="2">6</td><td></td><td rowspan="2"></td><td rowspan="2"></td><td rowspan="2"></td><td rowspan="2"></td></tr>
<tr><td></td></tr>
<tr><td rowspan="2">7</td><td></td><td rowspan="2"></td><td rowspan="2"></td><td rowspan="2"></td><td rowspan="2"></td></tr>
<tr><td></td></tr>
<tr><td rowspan="2">8</td><td></td><td rowspan="2"></td><td rowspan="2"></td><td rowspan="2"></td><td rowspan="2"></td></tr>
<tr><td></td></tr>
<tr><td rowspan="2">9</td><td></td><td rowspan="2"></td><td rowspan="2"></td><td rowspan="2"></td><td rowspan="2"></td></tr>
<tr><td></td></tr>
<tr><td rowspan="2">10</td><td></td><td rowspan="2"></td><td rowspan="2"></td><td rowspan="2"></td><td rowspan="2"></td></tr>
<tr><td></td></tr>
<tr><td rowspan="2">11</td><td></td><td rowspan="2"></td><td rowspan="2"></td><td rowspan="2"></td><td rowspan="2"></td></tr>
<tr><td></td></tr>
<tr><td rowspan="2">12</td><td></td><td rowspan="2"></td><td rowspan="2"></td><td rowspan="2"></td><td rowspan="2"></td></tr>
<tr><td></td></tr>
<tr><td rowspan="2">13</td><td></td><td rowspan="2"></td><td rowspan="2"></td><td rowspan="2"></td><td rowspan="2"></td></tr>
<tr><td></td></tr>
<tr><td rowspan="2">14</td><td></td><td rowspan="2"></td><td rowspan="2"></td><td rowspan="2"></td><td rowspan="2"></td></tr>
<tr><td></td></tr>
</table>

(4) 調停に代わる決定（「一七条決定」）とは

裁判所は、調停委員会の調停が成立する見込みがない場合において相当であると認めるときは、調停委員の意見を聴いて、職権で、当事者双方の申立ての趣旨に反しない限度で調停に代わる決定（この決定は「一七条決定」と呼ばれています。）を行うことができます。相手方が調停に出席しない場合でも、この決定がなされることがあります。

しかしながら、この決定に対しては、当事者が決定の告知を受けた日から二週間以内に異議申立てをすることができ、この異議申立てがあったときは、その決定は効力を失います。

(5) 過払金が生じた場合の調停

利息制限法に基づき引き直し計算をした結果過払金が生じた場合、特定調停では、過払金の返還を認める調停は行われていません。過払金の返還に関しては、別途過払金返還請求訴訟を提起する必要があります。

過払金が生じた場合、調停調書に債権・債務のないことを確認する旨の調停条項が記載されると、後で過払金返還請求ができなくなるので注意する必要があります。

過払金が生じた場合は、債務がないことを確認する旨の調停条項だけを調停調書に記載してもらうことが大切です。

(6) 調停の効力

特定調停が成立し調停調書に記載されたときは、確定判決と同一の効力を有することになります。

したがって、特定調停で合意した支払いを怠ると調停調書に基づいて給与差押えや家財道具差押えなど強制執行される危険性がありますので、注意する必要があります。

5　個人再生

(1) 個人再生とは

個人再生は、借金で苦しむ人のための新しい救済手段として、二〇〇一年四月一日より導入されたものです。

一九九九年秋の臨時国会において民事再生法が成立し、二〇〇〇年四月一日より主として企業を対象とする再建型倒産処理手続である民事再生手続が導入されましたが、二〇〇〇年秋の臨時国会において民事再生法が一部改正され、二〇〇一年四月一日より個人債務者の再建型債務処理手続である個人版の民事再生手続すなわち個人再生が導入されたものです。

また、二〇〇四年五月二五日破産法の大きな改正が行われ、新破産法が成立しましたが、この時、民事再生法の中の個人再生手続についても一部改正が行われました。新破産法と民事再生法の個人再生手続に関する改正法は、二〇〇五年一月一日より施行されています。

個人再生とは簡単にいうと、たとえば、利息制限法に基づき計算した残債務が五〇〇万円である場合、このうち一〇〇万円を三年間で返済するという再生計画案を立て、この再生計画案が裁判所によって認可され、三年間に再生計画案どおり返済すれば、残りの四〇〇万円の債務が免除されるという手続です。

(2) どのような人が利用できるのか

将来一定の収入が見込める人が利用できる

個人再生は、債務の総額（住宅ローン、担保付債権のうち回収見込額、罰金などを除く）が五〇〇〇万円以下の個人で、将来において一定の収入を得る見込みのある個人が利用できます。

この手続では、申立てた本人が破産者になるわけではありませんので、自己破産のような資格制限はありませんし、住宅ローン特別条項を利用すれば住宅を手放さなくてもすみます。

個人再生における弁済期間は、原則として三年間の分割払いとなっていますが、特別の事情があれば五年を超えない範囲内で延長することができます。

個人再生には、債権者の消極的同意を必要とする「小規模個人再生」と、債権者の同意を必要としない「給与所得者等再生」の二つの手続があります。

(3) 小規模個人再生とはどのような手続か

利用できる人

小規模個人再生を利用できる人は、住宅ローン等を除く無担保の借金が五〇〇〇万円以下で、将来において継続的または反復して収入を得る見込みのある個人です。サラリーマンは当然のこと、自営業者や農業従事者でも利用できます。

債権者の消極的同意が必要

小規模個人再生において再生計画案が認可されるには、「債権者の消極的同意」が必要です。具体的には、再生計画案に同意しない旨を回答しない債権者が債権者総数の半数に満たず、かつ、その債権額が債権総額の二分の一を超えないときは、再生計画案が可決されたものとみなされます。

小規模個人再生における最低弁済額はどの位か

小規模個人再生においては、再生計画案が認可されるには、「債権者の消極的同意」に加えて、弁済総額が「最低弁済額要件」と「精算価値保障原則」の二つの要件を満たす必要があります。

まず第一に、小規模個人再生手続の中で確定した無担保債権（これを「基準債権」という）が三〇〇〇万円以下の場合は、基準債権の五分の一または一〇〇万円のいずれか多い額を弁済する必要があり、基準債権額が一〇〇万円を下回っているときは基準債権全額、基準債権の五分の一が三〇〇万円を超えるときは三〇〇万円を弁済する必要があります。

また、基準債権の総額が三〇〇〇万円を超えて五〇〇〇万円以下の場合は、その一〇分の一を弁済する必要があります。

具体的には、①基準債権の総額が一〇〇万円未満のときは基準債権全額、②基準債権の総額が一〇〇万円以上五〇〇万円以下のときは一〇〇万円、③基準債権の総額が五〇〇万円を超え一五〇〇万円未満のときは基準債権総額の五分の一、④基準債権の総額一五〇〇万円以上三〇〇〇万年以下のときは三〇〇万円、⑤基準債権の総額が三〇〇〇万円以上五〇〇〇万円以下の場合は基準債権総額の一〇分の一ということになります（最低弁済額要件）。

第二に、破産したと仮定した場合、破産手続の配当額以上のものを弁済する必要があります（清算価値保障原則）。これは、財産の全部または一部を保持する代わりに、将来の収入の中から所有する財産の価値以上のものを分割弁済するものです。

小規模個人再生における再生計画案では、この最低弁済額要件と清算価値保障原則を満たすものでなければなりません。

(4) 給与所得者等再生とはどのような手続か

利用できる人

給与所得者等再生は、小規模個人再生を利用できる人（無担保の債務が五〇〇〇万円以下で将来において収入を得る見込みのある人）のうち、給与等の定期収入を得る見込みのある人で、その変動の幅が小さいと見込まれる人が利用できます。

具体的には、この手続を利用できる人としてはサラリーマン、公務員、年金生活者などが考えられます。この手続を利用できる人は、当然のことながら小規模個人再生も利用できます。

一定の申立制限がある

給与所得者等再生には、一定の申立制限があり、次に述べる期間内は認められないことになっています。

①以前に給与所得者等再生を利用して免責を受けた人のうち、再生計画認可決定が確定した日から七年以内の申立て

②再生計画の遂行が極めて困難となった場合の免責（ハードシップ免責）が確定したときは、その元の再生計画認可決定が確定した日から七年以内の申立て

③かつて自己破産した人のうち、免責許可決定が確定した日から七年以内の申立て

債権者の同意は不要

給与所得者等再生において、再生計画案が認可されるためには、小規模個人再生に必要とされるような「債権者の消極的同意」は不要です。

給与所得者等再生における最低弁済額はどの位か

給与所得者等再生における再生計画案は、弁済総額に関しては、小規模個人再生と同じ「最低弁済額要件」と「清算価値保障原則」を満たす必要があるのに加えて、「可処分所得要件」を満たす必要があります。

可処分所得要件とは、「一年間当たりの手取収入額」から「最低限度の生活を維持するため

に必要な一年分の費用（最低生活費）」（具体的には債務者の居住地域、年齢、家族の人数等を考慮して政令で定められている）を引いた額の二倍以上の額を返済するというものです。

給与所得者等再生で可処分所得を算出するときに必要な「一年分の費用（最低生活費）」はどのようにして算出するか

給与所得者等再生における可処分所得要件とは、再生計画における弁済総額が「一年あたりの手取収入額」から「最低限度の生活を維持するために必要な一年分の費用（最低生活費）」を控除した額の二倍以上であることが必要であるということです。

この場合の最低限度の生活を維持するために必要な一年分の費用の額は、「民事再生法第二四一条第三項の額を定める政令」（以下「政令」という）によって定められています。

政令によれば、「一年分の費用」の額は、①個人別生活費の額、②世帯別生活費の額、③冬季特別生活費の額、④住居費の額、⑤勤労必要経費の額の合計額とされています。

全国都道府県別の居住区によって、各費用額が違いますので、弁護士や司法書士に相談してみましょう。

(5) 住宅ローン特則とは

住宅ローンを抱えている人のうち、当初の契約どおり返済することが困難となった人は支払い期間を延ばすことができます。それが住宅ローン特則です。

ただし、この制度は、住宅ローンの支払額をカットする制度ではありません。あくまでも、住宅ローンの支払いを繰り延べる制度にすぎません。そして、再生計画案に基づいて弁済をしている限り、住宅ローンに関する抵当権の実行はされないので、住んでいる家を手放さなくてすむのです。

通常の民事再生はもちろん、小規模個人再生、給与所得者等再生でも利用することができます。

(6) 個人再生と任意整理・特定調停はどう違うか

個人再生ではすべての債権者の同意は不要

個人再生では、すべての債権者の同意が得られなくても債務を整理することができます。

個人再生のうち給与所得者等再生手続は、債権者の同意は全く必要ありません。また、小規模個人再生では、債権者の消極的同意が得られれば、すなわち、同意しない債権者が債権者総数の半数に満たず、かつ、その債権額が債権総額の二分の一を超えないときは、再生計画案は可決されたものとみなされます。

これに対して、任意整理や特定調停は、合意が成立した債権者との間でのみ効力が生じます。任意整理や特定調停には強制力がないため、分割弁済案に同意するかどうかは、債権者の自由となっています。

このため、クレジット・サラ金業者の中には、任意整理や調停に応じず、一括弁済を求めて訴訟提起をして判決を取得し、債務者の給料等の差押えをしてくる業者も少なくありません。債務者の給料が差押えられると、分割弁済案に同意していた債権者に対する支払いができなくなり、任意整理や特定調停は破綻してしまいます。

したがって、任意整理や特定調停で債務整理を行う場合には、すべての債権者との間で同意を成立させることが必要となります。

再生計画案に従って返済すれば、元本カットも

個人再生においては、利息制限法に基づき計算し直した後の残元本を一部カットする再生計画案が裁判所によって認可され、これに従って弁済を完了すれば、残元本の一部が免除されます。

これに対し、任意整理や特定調停においては、クレジット・サラ金業者の多くは、一括弁済する場合には残元本の一部カットにも応じていますが、分割返済する場合には残元本のカットにはほとんど応じていません。

強制執行を受ける恐れがない

個人再生では、手続の開始決定がなされれば、債権者は強制執行ができなくなり、給料や家財道具を差押えられる心配はなくなります。

これに対し、任意整理や特定調停には強制力がないため、債権者は確定判決や公正証書等に基づき債務者の給料や家財道具を差押えることができます。

なお、一般の民事調停の場合は、債務者の申立てにより公正証書に基づく強制執行を一時停止させ、また特定調停の場合は、債務者の申立てにより公正証書や確定判決に基づく強制執行を一時停止させる制度があります。しかし、特定調停が不成立に終われば強制執行手続が進行します。

(7) 個人再生と自己破産はどう違うか

住宅を維持できるかどうか

個人再生においては、破産するわけではないので、自己所有の財産の全部または一部を手放さずにすみます。特に住宅ローン特則の住宅ローン特別条項を利用すれば、住宅を維持しながら債務整理をすることができるのが大きな特徴です。

ただし、個人再生では、自己破産した場合に債権者に配当される額より多い金額を、再生計画に従って原則三年間は返済しなければなりません。

一方、自己破産では、破産手続開始決定時に保有していためぼしい財産は失います。そのため、破産手続開始決定時に破産者が住宅を所有している場合は、一般的には住宅は換価処分され、その処分代金は破産債権者に配当されることになります。また、場合によっては、住宅に抵当権を設定している債権者によって、住宅の競売手続が行われることもあります。

そのかわり、破産手続開始決定後の収入・財産（新得財産）は原則としてすべて破産者（債務者）のものとなります。

債務の一部について免除が受けられる

自己破産申立てをして免責許可決定を受けると、原則としてすべての債務が免除されます。ただし、自己破産を利用しても、浪費やギャンブルによる借金が多いと、それが破産法が定める免責不許可事由にあたるため免責許可決定が受けられない場合があります。

一方、個人再生では免責不許可事由は定められていないので、浪費やギャンブル等の借金でも再生計画案が認可されれば債務の一部について免除が受けられます。

ただし、個人再生も自己破産と同様、①再生債務者が悪意で加えた不法行為に基づく損害賠償請求権、②再生債務者が故意または重大な過失により加えた人の生命または身体を害する不法行為に基づく損害賠償請求権、③再生債務者が養育者または扶養義務者として負担すべき費用に関する請求権については非免責債権となっており、これらの非免責債権については、再生債権者の同意がある場合を除いて減免されません。

破産者のような資格制限がない

自己破産申立てをして、破産手続開始決定を受けると「破産者」となりますが、破産者にはさまざまな資格制限があります。

たとえば、破産者は、弁護士、公認会計士、税理士、弁理士、司法書士、行政書士、公証人、不動産鑑定士、土地家屋調査士、宅地建物取引業者、商品取引所会員、証券会社外務員、有価証券投資顧問業者、生命保険募集員、損害保険代理店、警備業者、警備員、合名会社・合資会社・合同会社の社員、代理人、後見人、遺言執行者などになれません。

したがって、これらの資格を有する債務者が自己破産申立てをして破産手続開始決定を受けると破産者となり、資格を失い職を失う可能性があります。

もっとも、永久に資格を失うのではなく、その後免責許可決定を受けると破産者ではなくなるので失った資格を回復することができます。

個人再生では、申立てをした債務者が破産者になるわけではないので、資格を失い職を失う心配はありません。

(8) 個人再生手続の流れ

①地方裁判所に申立て

個人再生の申立ては、債務者が事業者でなければ、債務者の住所地を管轄する地方裁判所（本庁または支部）に申立てます。

また、債務者と連帯債務者である個人、債務者と相互に主債務者・保証人の関係にある個人、債務者と夫婦関係にある個人の再生事件が係属している地方裁判所（本庁または支部）に対しても、個人再生の申立てをすることができます。

なお、破産や通常の民事再生手続は、債権者からも申し立てることができますが、個人再生は債権者からは申し立てることはできず、債務者からだけ申し立てることができます。

②開始決定

裁判所は、個人再生を申立てた債務者に再生手続の申立原因（支払い不能の恐れ、支払い困難が存在すること）があり、法定の申立棄却事由（費用の予納がない、不当な目的で申立てがなされたなど）がなく、個人再生の要件を満たしている場合には、個人再生手続の開始決定をします。

個人再生手続の流れ

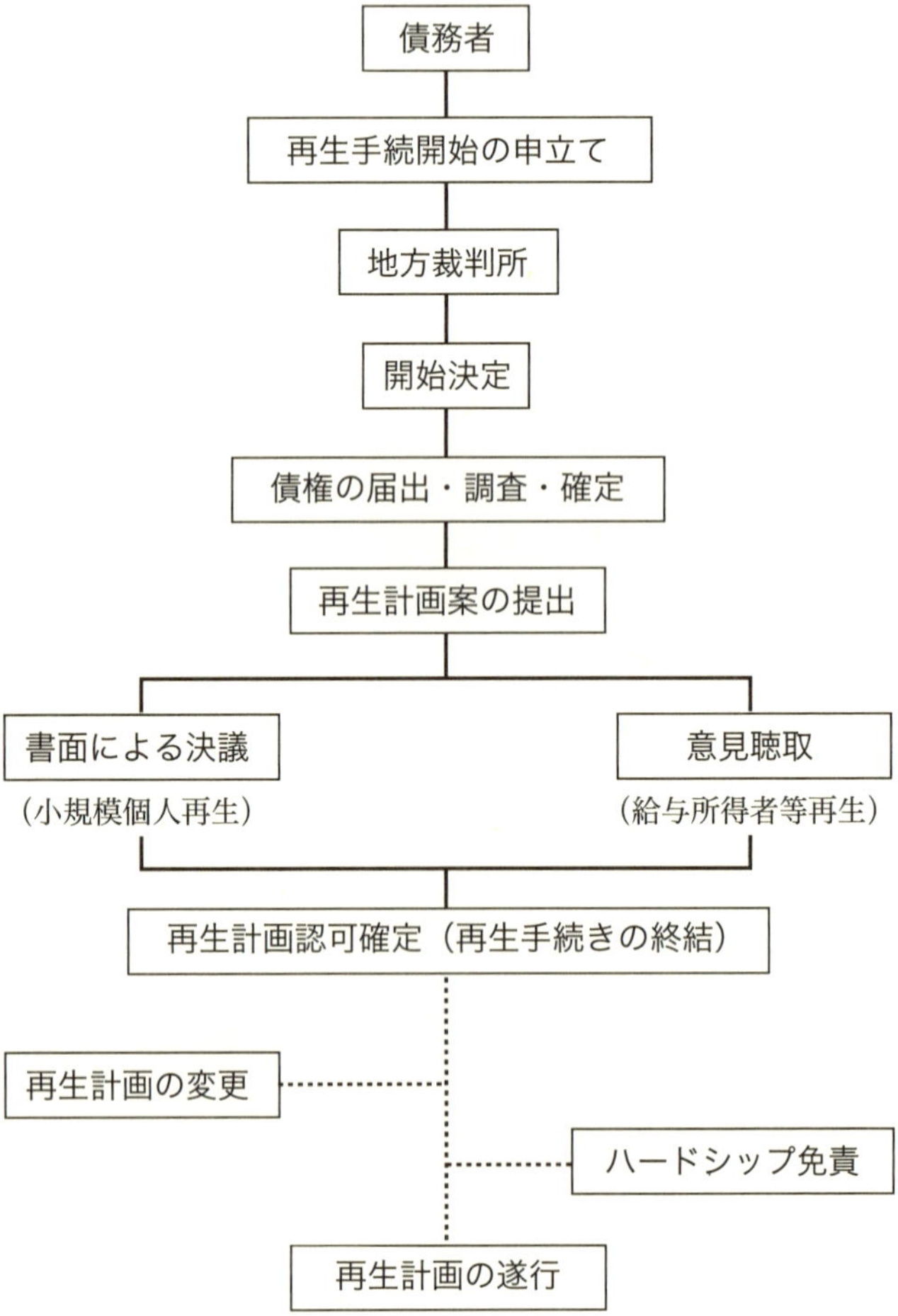
債務者
再生手続開始の申立て
地方裁判所
開始決定
債権の届出・調査・確定
再生計画案の提出
書面による決議
（小規模個人再生）
意見聴取
（給与所得者等再生）
再生計画認可確定（再生手続きの終結）
再生計画の変更
ハードシップ免責
再生計画の遂行

個人再生手続開始申立書

再生手続開始申立書（小規模個人再生）

収　入
印　紙

平成19年1月20日

東京地方裁判所民事第20部　御中

申　立　人

氏　　名《ふりがな》	田　中《たなか》　　一郎《いちろう》
生年月日	昭和24年5月21日（57歳）
現住所	〒○○○—△△△△ 東京都○○区△△△2-24-6
職　業	警備員

（裁判所使用欄）

申立人代理人

事務所　〒104-0061　東京都中央区銀座6-12-15西山ビル7階
（送達場所）　東京市民法律事務所
電話03-3571-6051　FAX03-3571-9379
弁護士　宇都宮健児　㊞

申立ての趣旨

申立人について、小規模個人再生による再生手続を開始する。

申立ての理由等

1（申立要件及び手続開始要件）

申立人は、本申立書添付の債権者一覧表のとおり債務を負担しているが、収入及び主要財産は別紙収入一覧及び主要財産一覧に記載のとおりであり、破産の原因たる事実の生じるおそれがある。

申立人は、将来においても継続的又は反復して収入を得る見込みがあり、また、民事再生法25条各号に該当する事由はない。

2（再生計画案作成についての意見）

申立人は、各再生債権者に対する債務について、相当部分の免除を受けた上、法律の要件を充たす額の金銭を分割して支払う方針である。

なお、現時点での計画弁済予定額は、月額　3　万円であり、この弁済の準備及び手続費用支払の準備のため、申立後1週間以内の日を第1回とし、以後毎月　末　日までに個人再生委員の銀行口座に同額の金銭を入金する。

3（他の再生手続に関する申述）

申立人は、法律が定める他の再生手続開始を求めない。

個人再生手続開始決定書

平成19年（再イ）第×××号　小規模個人再生手続開始申立事件

決　定

東京都○○区△△2丁目24番6号
再生債務者　田中一郎

主　文

1　田中一郎について小規模個人再生による再生手続を開始する。
2　再生債権の届出期限　平成17年9月24日まで
3　届け出られた再生債権に対する異議申述期間
　　平成17年3月25日から平成17年4月5日まで
4　再生計画案の提出期限　平成17年5月18日まで

理　由

1　再生債務者には破産の原因たる事実の生じるおそれがある。
2　再生債務者は、将来において継続的に又は反復して収入を得る見込があり、かつ、再生債権の総額は法定の額を超えないものと認められる。
3　本件において、民事再生法25条各号に該当する事実は認められない。

平成19年2月10日　午後5時
東京地方裁判所民事第20部
裁判官　○○○○○

これは正本である。

平成19年2月27日
東京地方裁判所民事第20部
裁判所書記官　△△△△　印

個人再生手続の開始決定がなされると、再生債務者は、原則として再生債権者に対して勝手に債務を返すことができなくなります。

また、破産手続開始の申立て、再生債務者の給与差押えなどの強制執行、仮差押え、仮処分などはすることができず、すでになされている破産手続や再生債権に基づく強制執行などの手続は中止されます。

③債権の届け出・調査・確定

再生債務者から債権者一覧表の提出があると、再生債権者が別途債権を届け出るか、再生債権を有しない旨の届出をしない限り、債権者一覧表記載の再生債権の届出があったものとみなされます。これを「みなし債権届出」といいます。

再生債権者は、債権一覧表に記載がないか、債権額が少なく記載されている再生債権については、債権届出期間内に債権届出を行う必要があります。

④再生計画案の作成・提出

債務額を確定すると、次はそれのどれくらいを減額できるか、減額した後の債務をいくらずつ、どれくらいの期間で返済していくかという計画書（再生計画案）を作って裁判所に提出します。

再生計画案は、再生債務者だけが作成・提出できます。再生債権者は作成・提出できません。

⑤書面決議（小規模個人再生の場合）、意見聴取（給与所得者等再生の場合）

小規模個人再生では、債権者集会は開かれず、再生計画案は再生債権者に書面で送られます。回答期限内に同意するかどうかは、書面決議の方法によって決定されます。

給与所得者等再生では、再生計画案の決議手続はなく、再生債権者の意見を聴く手続があるのみです。

裁判所は、債権者の意見聴取の結果には拘束されず、独自に再生計画案の不認可事由があるかないかを判断し、認可・不認可の決定をします。

⑥再生計画の認可決定確定で終結

小規模個人再生では、再生計画案が可決されると、再生計画認可の決定をします。

給与所得者等再生手続では、再生債権者の意見聴取期間経過後、不認可事由がない限り、再生計画の認可決定をします。

後は、再生債務者が再生計画どおりに債務を返済していくのみです。

個人再生計画案

東京地方裁判所　平成19年（再イ）第×××号

再生計画案

平成19年5月16日

再生債権者　　　　氏名　田中　一郎
再生債務者代理人　氏名　宇都宮　健児　㊞

第1　再生債権に対する権利の変更

再生債権の元本及び開始決定前に発生している利息・損害金の合計額の30%を後記第2の弁済方法のとおり弁済し（各弁済期日ごとに生ずる1円未満の端数は切り捨てる。）、残元本及び開始決定前の利息・損害金の残額ならびに開始決定後の利息・損害金について免除を受ける。

第2　再生債権に対する弁済方法

再生債務者は、各再生債権者に対し、第1の権利の変更後の再生債権について、次のとおり分割弁済をする。

(分割弁済の方法)

再生計画認可決定の確定した日の属する月の翌日から

☑ 2年11か月間は、毎月 末 日限り、0.833%の割合による金員（1円未満の端数は切り捨てる。）（合計35回）

☐ 毎年＿＿＿＿＿＿＿＿＿＿の＿＿＿回限り、＿%の割合による金員(1円未満の端数は切り捨てる。)(合計＿＿＿回)
☐

☑ その他　3年目の月（36回目）に0.845%の割合による金員（1円未満の端数は切り捨てる）を支払う。

第3　共益債権及び一般優先債権の弁済方法

共益債権及び一般優先債権は、随時支払う。

再生計画による返済計画表

地方裁判所平成19年（再イ）第×××号

再生債権者の氏名
田中一郎

照会先　東京市民法律事務所
照会先の電話番号
03―○○○○―△△△△

1．再生計画による免除の率→確定債権総額の70％に相当する額を免除

2．返済期間　☑3年　□5年
□　年　月

3．再生計画による返済方法
□毎月の返済→返済日：毎月末日限り
□ボーナスによる返済→返済時期：毎年　月と　月の　日限り
□　か月に1回の返済→返済時期：当該月の　日限り
□その他（　）

4．返済金の支払方法
☑振込送金（振込先口座は再生債権者が指定、振込手数料は再生債務者が負担）
□持参払い
□その他（　）

債権者番号	届出のあった再生債権者名	確定債権額（注1）	再生計画による返済の総額	各回の返済額			
				毎月(回)の額	最終回の額	ボーナス時の額	最終回の額
1	Aサラ金㈱	646,680	194,004	5,387	5,464		
2	Bサラ金㈱	294,191	88,257	2,451	2,486		
3	Cサラ金㈱	345,521	103,656	2,878	2,920		
4	Dサラ金㈱	289,484	86,845	2,411	2,446		
5	Fサラ金㈱	365,095	109,529	3,041	3,085		
6	Gサラ金㈱	277,061	83,118	2,308	2,341		
7	Hサラ金㈱	186,144	55,843	1,551	1,573		
8	Iサラ金㈱	469,015	140,705	3,907	3,963		
9	Jクレジット金㈱	159,251	47,775	1,327	1,346		
10	Kクレジット金㈱	96,910	29,073	807	819		
11	L信販金㈱	457,703	137,311	3,813	3,868		
12	Mヤミ金	1	0	0	0		
13	Nヤミ金	1	0	0	0		
合計		3,587,057	1,076,117	29,880	30,311		

	毎月(回)分	最終回分	ボーナス時分	最終回分
毎回（回）の返済額合計	29,880	30,311		
ボーナス時の返済額合計				

（注）1　確定債権額欄に記載された金額は利息・損害金を含む（元金、利息、損害金の額を個別に記載する必要がある場合には、その欄内に種別を明示して記入する）
2　各回の返済額欄記載の額は、再生計画により完済される額について　円未満の端数を切り上げた額であり、最終回の返済額で端数調整をおこなっている。

再生計画の認可決定書

平成19年（再イ）第×××号　小規模個人再生手続開始申立事件

決　定

東京都○○区△△2丁目24番6号
再生債務者　田中一郎

主　文

本件再生計画を認可する。

理　由

本件再生計画には、民事再生法174条2項及び231条2項に該当する事由はない。
本件再生計画案は、書面による決議において法定の要件を満たし、可決された。

平成19年7月15日
東京地方裁判所民事第20部
裁判官　○○○○○

これは正本である。

平成19年7月15日
東京地方裁判所民事第20部
裁判所書記官　△△△△　印

⑼ 個人再生の申立費用はどのくらいかかるか

収入印紙代、予納郵券（郵便切手）代、予納金が必要

個人再生を申し立てる場合は、申立書に貼る収入印紙代、予納郵券（郵便切手）代、予納金が必要になります。

①収入印紙代

申立書に一万円分の収入印紙を貼ります。

②予納郵券（郵便切手）代

予納郵券額は各地方裁判所によって差があり一定していませんが、四〇〇〇〜八〇〇〇円前後の郵券を納めることになります。

東京地方裁判所の場合、八〇円切手二〇枚（合計一六〇〇円）と一二〇円切手を債権者数の二倍分予納することになっています。

横浜地方裁判所の場合、八〇円切手二〇枚（合計一六〇〇円）と一四〇円切手を債権者数の二倍分予納することになっています。

したがって、予納郵券額は債権者数の数によって金額が異なってくることになります。

③予納金

予納金の額は、個人再生委員が選任されるかどうかで大きな差があります。

東京地方裁判所の場合、個人再生の申立てと同時に、官報広告費用の予納金一万一九二八円を裁判所の銀行口座に振込送金して納付します。東京地方裁判所の場合、本人申立てか弁護士が代理人となった代理人申立てかに関係なく、必ず個人再生委員が選任されることになっていますので、官報公告費用としての予納金以外に、一五万円の予納金を分割して、個人再生委員の銀行口座に振込送金して納付することになっています。

一方、たとえば横浜地方裁判所の場合は、本人申立ての場合は個人再生委員が選任されますが、弁護士が代理人となった代理人申立ての場合は個人再生委員が選任されないことになっています。横浜地方裁判所の予納金は、本人申立ての場合は二五万円、代理人申立ての場合は二万円となっています。

このほかに、もし申立てを弁護士に依頼する場合には弁護士費用が必要となります。

④計画返済予定額は、認可決定まで個人再生委員に送金する（東京地方裁判所の場合）

東京地方裁判所の場合、申立書に記載した毎月の計画弁済予定額を、再生計画の認可決定があるまで個人再生委員の銀行口座に振込送金することになっています。

個人再生の申立てから認可決定まで約六か月かかるものと予定されていますので、もし毎月の計画弁済予定額が五万円である場合は、毎月五万円を六か月間、合計三〇万円を個人再生委員の銀行口座に振込送金することになります。

申立てから六か月後に再生計画が認可された場合は、一五万円の予納金（個人再生委員の報酬となる予定）除いた一五万円は申立てた債務者に返還されることになっています。

⑽ 個人再生は、終了までにどのくらいの期間がかかるか

六か月を予定している裁判所が多い

この手続にかかる時間は、裁判所によってかなり違いがあります。

まず、個人再生の制度を利用したいと申立ててから、再生手続の開始決定までに約一か月かかります。

次に、債権者が債務者に対する債権額を裁判所に届けます。この期間が約一か月～一か月半です。

さらに、債権額についての異議を述べる期間が約三週間あり、その後債権額が確定されます。

それから五週間までに、債務者は再生計画案を提出します。

裁判所は、債権者から意見を聞いたり書面で決議したりして、再生計画の認可を決定するのです。個人再生は、再生計画の認可決定が確定することにより終結します。ここまでに約六か月かかります。

クレジット・サラ金問題対策協議会のアンケート調査によると、個人再生の申立てをしてから認可決定までの期間は最短が三か月間、最長は六か月間となっていますが、六か月間を予定

東京地方裁判所（本庁）における
個人再生手続標準スケジュール

手　続　き	申立日からの日数
・申立て	0日
・個人再生委員選任	0日
・手続開始に関する個人再生委員の意見書提出	3週間※
・開始決定	4週間（1月）※
・債権届出期限	8週間
・再生債務者の債権認否一覧表、報告書(法124Ⅱ・125Ⅰ)の提出期限	10週間
・一般異議申述期間の始期	10週間
・一般異議申述期間の終期	13週間
・評価申立期限	16週間
・再生計画案提出期限	18週間
・書面決議又は意見聴取に関する個人再生委員の意見書提出	20週間
・書面による決議に付する旨又は意見を聴く旨の決定	20週間(5月)
・回答書提出期限	22週間
・認可の可否に関する個人再生委員の意見書提出	24週間
・再生計画の認可・不認可決定	25週間(6月)

※給与差押えのおそれ等がある場合には、個人再生委員の意見を聴いた上、同委員の意見書の提出期限及び開始決定の時期を早めるものとする。

している裁判所が最も多くなっています。

東京地方裁判所でも、個人再生の申立てから再生計画の認可決定までの期間は六か月間を予定しています。東京地方裁判所における個人再生の標準スケジュールは、別表のとおりとなっています。

6 自己破産

(1) 自己破産とはどのような制度か

破産制度とは、簡単に言えば、裁判所が主催して債務者の財産を債権者全員に公平に分配し、債権者の公平な満足を確保すると同時に、破産した債務者の債務を整理し、債務者に生活の立て直しと再出発のチャンスを与える制度です。

破産には、「法人破産」と「自然人の破産」がありますが、自然人とは法人に対する概念で個人の意味であり、自然人の破産とは個人破産(「消費者破産」とも呼ばれています)という意味です。

また、破産申立ては、債権者からも債務者からも申し立てることができますが、債務者自らが申し立てる破産のことは「自己破産」と呼ばれています。したがって、自己破産の中には法人の自己破産もあれば、自然人・個人の自己破産もあるわけですが、自然人・個人の破産の圧倒的多数は、自己破産となっています。

会社など法人の破産の場合は、破産手続開始決定により法人は解散し、それ以後活動を続けることはありませんので、破産手続が終了した後には債権者が法人の責任を追及することはありません。このため法人の破産手続においては、破産手続により配当を受けられなかった残債務を免責するかどうかは大きな問題とならず、破産手続開始決定時の法人の残余財産をいかに多く金銭に換価して、いかに債権全員に公平に分配するかということが最大の関心事となります。

ところが自然人の破産、個人破産の場合は、破産手続が終了した後も、個人（消費者）は生活を維持しなければなりませんから、もし債務が免除されなければ一生借金の重荷を背負って生活していかねばならず、破産者の経済的立ち直りは極めて困難になってしまいます。そこで個人（消費者）の破産手続においては、破産者の債務を免除し破産者を債務から解放する「免責手続」が最も重要な手続になります。破産申立をして破産手続開始決定を受けただけでは、借金はゼロにはならず、免責許可決定を受けてはじめて借金がゼロになるからです。

従来わが国の破産法では破産者の債務を免除しない不免責主義が採用されていましたが、戦後アメリカ法の影響の下、一九五二年に、株式会社の維持更生を図ることを目的とする会社更生法が制定されたのに伴い、個人（消費者）の破産者の生活再建を容易にするため破産法を一部改正して免責主義が採用されたものです。しかしながら、せっかく一九五二年に免責制度が導入されたにもかかわらず、当初は、個人破産（消費者破産）は極めて少なく、あまり注目を浴びませんでした。

免責制度が社会的に注目を浴びるようになったのは、一九七五年（昭和五〇年）頃より、サラ金被害の救済に取り組んできた全国各地の弁護士が、サラ金被害者の救済手段として破産免責制度を利用するようになり、個人破産（消費者破産）が激増してきたからです。

現在では、破産申立ての九〇％以上を個人破産が占めている状態になっていますが、個人破産のほとんどが、免責許可決定を得ることを目的として破産申立てがなされています。

経済が高度に発達し、さまざまな商品やサービスの大量生産、大量販売、大量消費が行われる経済社会体制下では、クレジットやローンなどの消費者信用産業が必然的に発達し、その中で支払不能に陥った多重債務者も経済構造的に生み出されてくるのですが、このような多重債務者を社会的に救済しないで放置すれば、一家心中や自殺、犯罪などが多発し、社会不安、パニックを惹起させることになります。個人破産・免責制度は、大量消費社会における社会不安・パニックを防ぐ社会的安全弁としての役割と、経済的に破綻してしまった大量の多重債務者を救済する役割を果たしているのです。

世界史的に見た場合、個人破産においては、古くは破産者に対する死刑や監獄への拘禁を認めたり、公民権の停止など一定の基本的人権の制限を認めるなど、懲罰主義的傾向が強かったのですが、徐々に破産者を債務の重荷からいったん解放し、立ち直りの機会を与えるための人間的な制度へと変わってきています。したがって、人類の破産制度の歴史において、免責制度は近代的、進歩的な制度といえるでしょう。

二〇〇四年五月二五日破産法の大きな改正が行われ、新破産法が成立し、新破産法は二〇〇五年一月一日より施行されています。

新破産法は、旧破産法において実務処理上問題になっていた諸課題を解消するとともに、多重債務者にとってこれまで以上に破産制度を利用しやすいものにしています。

新破産法の個人破産に関する主な改正点は、①破産手続を免責手続の一体化、②免責手続中の個別執行の禁止、③破産者が自由に使える財産範囲の拡大（自由財産となる現金を九九万円に拡大するなど）、④自由財産範囲拡張の裁判制度の新設、⑤免責不許可事由の追加と変更（免責不許可事由となる免責申立期間を免責確定から一〇年以内を七年以内に短縮するなど）、⑥非免責債権の追加（非免責債権として㋑故意または重大な過失により加えた人の生命または身体を害する不法行為に基づく損害賠償請求権㋺債務者が養育者または扶養義務者として負担すべき費用に関する請求権を追加）などとなっています。

(2) 破産手続開始決定はどのような場合になされるのか

債務者が支払い不能の状態にあること

自己破産申立てをするには破産原因がなくてはなりません。貸金業者からお金を借りた人達が行う自己破産の破産原因とは、支払い不能の状態にあるということです。したがって、自己破産の申立てをした本人が「支払い不能の状態である」と裁判所に認定されたときは、破産手続開始決定がなされることになります。

ところで、支払い不能とは、どのような状態のことをさすのでしょう。

まず、財産がないことに加えて、信用および労力ないし技能によっても金銭を調達することができないことをいいます。

債務者に財産がなくても信用や労力によって金銭を調達することができれば、支払い能力があるとみなされます。反対に債務者に財産があっても、金銭にかえることが困難であれば支払い能力がない、つまり支払い不能となります。

次に、支払いができない状態が継続的であることも要件です。一時的に手元にお金がないなどは支払い不能とはいえません。

さらに支払い不能とは債務者の客観的な財産状態をさしますから、債務者が「支払えない」

と思っているだけでは、必ずしも支払い不能とはいえません。

支払い不能の判断はケース・バイ・ケース

支払い不能かどうかを判断するのに、一律的な基準があるわけではありません。債務者の財産、信用、労力、技能、年齢、性別、職業、給料などを総合的に判断し、ケース・バイ・ケースで認定されます。

たとえば、債務者が生活保護を受けているようなケースでは、総債務額が低額で債権者数が少数でも支払い不能と認定され、破産手続開始決定がなされることになります。

逆に、債務者にある程度財産がある場合は、それらを処分した後の借金額で判断されます。

⑶ 免責制度とはどのようなものか

破産者のすべての債務を免除し、破産者に再出発の機会を与える制度

破産の過程で、債務者の財産を処分して債務（借金）の返済にあてます。それでも返しきれなかった債務を「支払う必要はない」とする決定を免責許可決定といいます。破産手続開始決定を受けただけでは借金はなくならず、免責許可決定がなされてはじめて借金がなくなります。したがって、自己破産手続で一番重要なことは、この免責許可決定を得ることなのです。

通常、破産者の財産は、ごくわずかであることが多いので、消費者破産の場合、よく行われているのが同時破産廃止決定です。このような場合は、破産手続開始決定されるとクレジット・サラ金業者などに対する債務はそっくり残るわけですが、その後裁判所に免責が認められれば、すべての債務を免れ、借金を支払わなくてもよくなるのです。

破産者の九五％近くが免責許可決定を得ている

破産者が破産手続終了後も無限に責任を負うとすれば、経済的に立ち直ることは極めて困難なので、免責によってそれを取り除き、立ち直りの機会を与えるのです。

この免責制度は、債権者の債権の一部（実際は大部分）切り捨てられるところから、財産権の不可侵を規定した憲法二九条に反しないかどうか、かつて最高裁判所で争われましたが、最高裁判所は「憲法上許された合理的な財産権の制限である」と判示しています。

免責許可決定が確定すると復権といって、破産手続開始決定のない以前の状態に戻ります。公私の資格制限も解かれます。現状では、免責申立てをした破産者の九五％近くが免責許可決定を得ています。

(4) 自己破産のデメリット

①破産手続開始決定を受けて破産者となったことによるデメリット

資格制限

破産者となったことによる不利益で一番大きなものは、公法上、私法上の資格制限です。

破産者は、弁護士、公認会計士、税理士、司法書士、行政書士、公安委員会委員、公正取引委員会委員、宅地建物取引業者、証券会社外務員、商品取引所会員、貸金業者、質屋、生命保険募集者、損害保険代理店、警備業者、警備員、建設業者、風俗営業者などになれません。中立て時にその職にある人は、資格を失うため、一時的に職を失うこともあります。

また、合名会社や合資会社の社員にはなれません（会社法上の資格制限）。代理人、後見人、後見監督人、保佐人、補助人、遺言執行者などにもなれません（民法上の資格制限）。

しかしながら、免責許可決定が確定すれば、このような資格制限はなくなります。

これに対し、特殊な職を除く一般的な国家公務員や地方公務員、学校教員、宗教法人の役員、株式会社の役員、医師、看護師、薬剤師、古物商、建築士などは、その資格に影響はなく、また、選挙権や被選挙権などの公民権は失いません。

長期の旅行や転居の制限

不動産などの高価な財産を所有している場合は、破産管財人が選任されて破産手続が行われます。その際には、前述した資格制限のほかに、①破産手続開始決定時に所有していた財産の管理処分権を失う、②長期の旅行や転居をする場合は裁判所の許可が必要となる、③郵便物がすべて破産管財人のところに配達され破産管財人に開封される、などの不利益があります。

このような不利益も、破産手続が終了すればすべて解消されます。

②免責許可決定後のデメリット

免責許可決定後にも残るデメリットは二つだけ

免責許可決定を受ければ、それまでの借金が免除されるとともに、破産者ではなくなります。

したがって、破産手続開始決定で破産者になったことによる資格制限などのデメリットも解消します。

結局、免責許可決定後に残る不利益（デメリット）と考えられるのは、二つです。

一つは、銀行やサラ金から借金をしたり、クレジットカードの発行を受けることが、五〜七年間は困難となることです。

これは、破産手続開始決定を受けたことが、銀行系・クレジット系・サラ金系の各個人信用情報機関に事故情報として登録されるからです。

もう一つは、再び多額の借金をして自己破産申立てをしても、一度免責許可決定を受けるとその後七年間は原則として免責許可決定を受けられないということです。

これは、破産法が、免責申立前七年以内に免責を受けたことがある場合を、免責不許可事由の一つとしてあげているからです。

したがって、自己破産による不利益は、一般の人であればそれほど大きなものではありません。

(5) 自己破産に対する誤解や偏見

自己破産に対する誤解や偏見のなかで一般的に多く見受けられるものは、①破産すると一生みじめな生活を送らなければならなくなるのではないか、②破産したことが戸籍謄本や住民票に掲載され、結婚や就職に支障が出てくるのではないか、③破産したことが勤務先の会社にわかってしまい会社を解雇されるのではないか、④選挙権・被選挙権などの公民権も失ってしまうのでないか、というようなものです。

しかしながら、

①自己破産申立てをすると、土地・建物のようなめぼしい財産は処分されますが、家財道具などは処分されず、破産手続開始決定後に得た収入は、原則としてすべて自由に使うことができます。

②破産手続開始決定を受けても戸籍謄本や住民票に掲載されることはありません。ですから、家族の結婚や就職に支障があるのではないかという心配は無用です。破産手続開始決定を

受けると、破産者の本籍地の市町村役場の「破産者名簿」に掲載されますが、この名簿は第三者が勝手に閲覧できるものではありません。なお、破産者が免責許可決定を受けると、破産者名簿からも抹消されます。

③破産手続開始決定を受けたことは官報で公告されます。しかし、一般の人が官報を見ることはありませんし、裁判所から破産者の勤務先に破産手続開始決定の通知がなされることもありません。自ら勤務先にいわない限り、破産手続開始決定を受けたことは会社にはわかりませんし、万一、会社に知られたとしても、会社はそれを理由に、解雇することはできません。

④選挙権・被選挙権等の公民権は失うことはありません。

(6) 自己破産手続の流れ

債務者自らが申し立てる破産のことを「自己破産」ということは前に述べたとおりですが、「自己破産手続の流れ」は次のとおりです。

①破産手続開始・免責許可申立て

自己破産申立ては、原則として債務者の住所地（住民票があるところではなく、債務者が現

自己破産手続の流れ

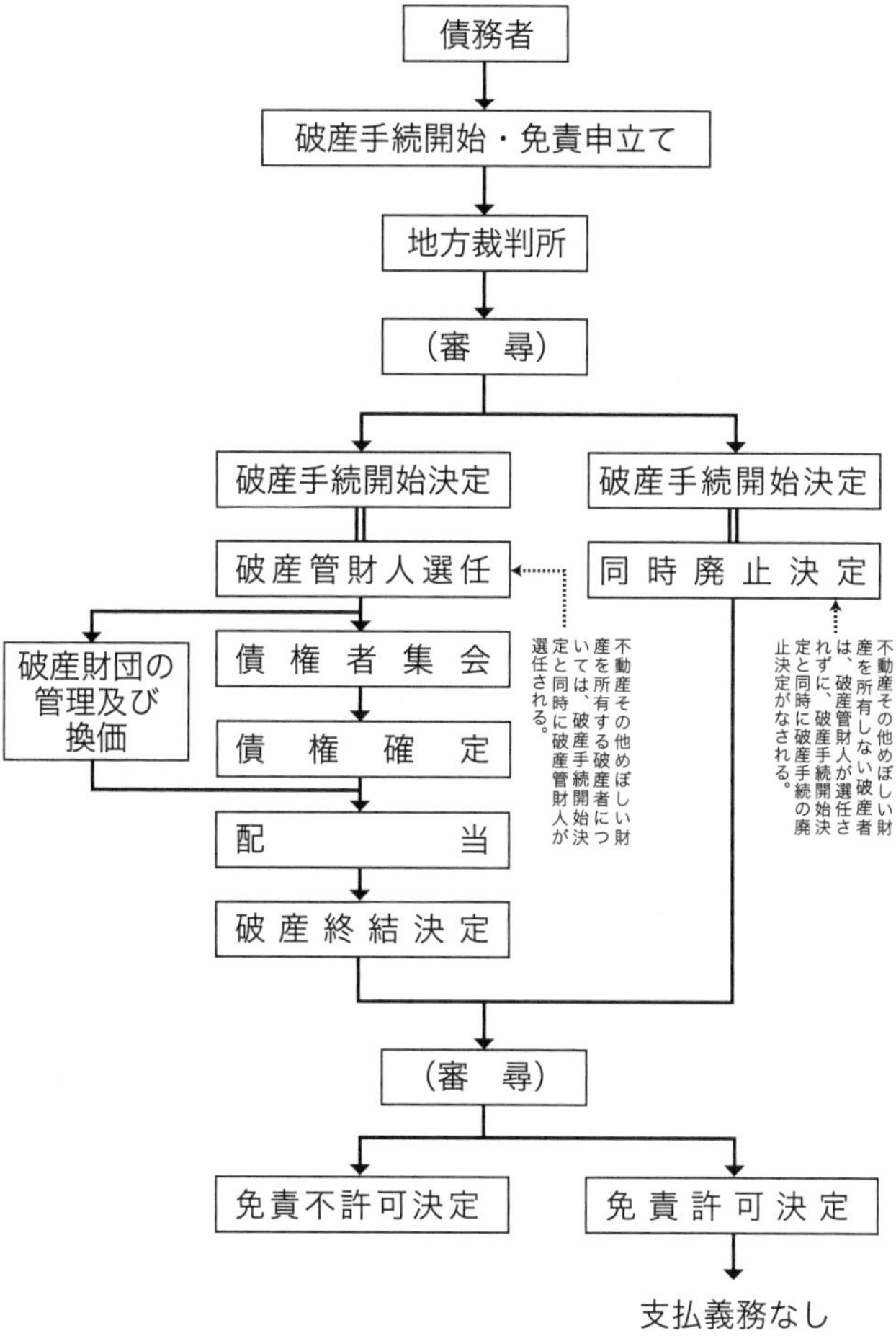
債務者
破産手続開始・免責申立て
地方裁判所
(審　尋)
破産手続開始決定
破産手続開始決定
破産管財人選任
同時廃止決定
破産財団の管理及び換価
債権者集会
債権確定
配当
破産終結決定
不動産その他めぼしい財産を所有する破産者については、破産手続開始決定と同時に破産管財人が選任される。
不動産その他めぼしい財産を所有しない破産者は、破産管財人が選任されずに、破産手続開始決定と同時に破産手続の廃止決定がなされる。
(審　尋)
免責不許可決定
免責許可決定
支払義務なし

に住んでいる所）の地方裁判所（又はその支部）に破産手続開始・免責許可申立書を提出して行います。

旧破産法では、免責許可申立ては破産宣告後に別個に行うことになっていましたが、新破産法では、免責許可申立ては破産手続開始申立てと同時に行われるのが一般的となっています。また、新破産法では、債務者が破産手続開始申立てをした場合は、免責許可の申立てをしていなくても破産手続開始の申立てと同時に免責許可の申立てをしたものとみなされることになっています。

②破産審尋

破産手続開始・免責許可申立てをしてから、一～二か月後くらいに破産申立ての内容について裁判官から直接口頭で質問を受けます。これを「破産審尋」といいます。

東京地方裁判所（本庁）では、破産手続開始・免責許可申立ての代理人として債務者に弁護士がついている場合は、債務者本人は破産審尋に出頭する必要はなく、しかも破産手続開始・免責許可申立書を提出した当日あるいは申立て後二～三日以内に申立人債務者代理人の弁護士が裁判官と面接し、同時廃止事案ではその日の午後五時に破産手続開始決定を行い、少額管財事案では翌週の水曜日の午後五時に破産手続開始決定がなされる「即日面接」手続が行われています。

破産手続開始・免責許可申立書

印紙　1500円 郵券　4000円	
係印	備考

印　紙
1500 円

平成19年1月20日

(ふりがな)　　たなかはなこ　(ふりがな)　すずき
申立人氏名：田中花子　　(旧姓 鈴木：旧姓で借入した場合のみ)
生年月日　：明・大・㊐・平 32 年 1 月 1 日生 (50歳)
本　籍　　：別添戸籍謄本記載のとおり
現住所　　：□別添住民票記載のとおり (〒　—　)
　　　　　　□住民票と異なる場合：〒　—
現居所 (住所と別に居所がある場合) 〒　—
申立人代理人 (代理人が複数いる場合には主任代理人を明記すること)
　事務所 (送達場所) 〒104-0061　東京都○○区××6—12—15
　　　　　△△△法律事務所
　　　　　電話　　　○○-△△△△-××××
　　　　　ファックス　○○-△△△△-××××
　　　　　　　　　　　　　　弁護士　○○○○○

申立ての趣旨

1　申立人について破産手続を開始する。
2　申立人 (破産者) について免責を許可する。

申立ての理由

申立人は、添付の債権者一覧表のとおりの債務を負担しているが、添付の陳述書及び資産目録記載のとおり、支払不能状態にある。

(手続についての意見)
☑同時廃止　□管財手続　☑即日面接希望
・生活保護受給　　　→□生活保護受給証明書の写し
・所有不動産【㊀無・有】→□オーバーローンの定形上申書あり

東京地方裁判所御中

陳述書

申立人債務者　田中　花子　に関する

☑　陳述書（作成名義人は申立人＿＿＿＿＿田　中　花　子＿＿＿＿＿印）

☐　報告書（作成名義人は申立代理人＿＿＿＿＿＿＿＿＿＿＿＿＿＿＿印）

＊いずれか書きやすい形式で本書面を作成してください。

＊適宜、別紙を付けて補充してください。

1　過去10年前から現在に至る経歴　☐補充あり

就業期間	☐自営　☐勤め　☐パート・バイト　☐無　☐他（　）
就業先（会社名等）	地位・業務の内容
平成3年4月～平成8年12月	☐自営　☑勤め　☐パート・バイト　☐無　☐他（　）
㈱○○○○	事務
平成9年2月～平成14年3月	☐自営　☑勤め　☐パート・バイト　☐無　☐他（　）
㈱○○○	受付
平成14年4月～現在	☐自営　☑勤め　☐パート・バイト　☐無　☐他（　）
㈱△△△	レジ
年　月～　年　月	☐自営　☐勤め　☐パート・バイト　☐無　☐他（　）

＊流れがわかるように時系列に記載します。

＊破産につながる事情を記載します。10年前というのは一応の目安にすぎません。

＊過去又は現在、法人の代表者の地位にある場合は、必ず記入します。

2　家族関係等　☐補充あり

氏　名	続柄	年齢	職業	同居
田中太郎	夫	53	会社員	○
田中一郎	長男	20	大学2年生	○
田中次郎	次男	17	高校2年生	○
田中花代	長女	15	中学3年生	○

＊申立人の家計の収支に関係する範囲で書いてください。

＊続柄は申立人から見た関係を記入します。

＊同居の場合は、同居欄に○印をつけます。

3　現在の住居の状況　　　　　□補充あり

ア　申立人が賃借　イ　親族・同居人が賃借　ウ　申立人が所有・共有

エ　親族が所有　オ　その他（＿＿＿＿＿＿＿＿＿＿＿＿）

＊ア・イの場合は、次のうち該当するものに○印をつけてください。

ⓐ　民間賃借　b　公営賃借　c　社宅・寮・官舎

d　その他（＿＿＿＿＿＿＿＿＿＿＿＿）

4　今回の破産申立費用（弁護士費用を含む）の調達方法　　　□補充あり

☑申立人自身の収入　□親族・友人・知人・（＿＿＿＿＿＿）からの援助・借入（→その者は、援助金・貸付金が破産申立費用に使われることを□知っていた　□知らなかった）□その他　（＿＿＿＿＿＿＿＿＿＿）

5　破産申立に至った事情　　　　□補充あり

＊債務発生・増大の原因、支払不能に至る経過及び支払不能となった時期を、時系列でわかりやすく書いてください。

＊事業者又は事業者であった人は、事業内容、負債内容、整理・清算の概況、資産の現況、帳簿・代表者印等の管理状況、従業員の状況、法人の破産申立ての有無などをここで記載します。

(1) 平成7年3月頃実父が病気で入院した際、Aサラ金会社より30万円借りて実父の入院費用に使いました。

(2) 平成9年5月頃夫の給料が少なく生活が苦しかったため、B信販会社のカードを利用して50万円位の日用品・電気製品を購入しました。

(3) 平成11年4月より3人の子供が皆学校に通うようになったため、子供の教育費や生活費のためにCサラ金会社から50万円、Dクレジット会社から50万円を借金しました。

(4) 平成13年5月頃、自営業をしている実兄鈴木一郎が事業資金としてE商工ローンより1000万円を借りる際に連帯保証人となりました。

(5) 平成16年4月、長男の大学入学と次男の高校入学が重なったため入学費用として、F信販会社から100万円、Gクレジット会社から50万円を借金しました。

(6) 平成18年10月頃、借金返済のためにHサラ金会社から50万円、Iサラ金会社から50万円、Jサラ金会社から50万円を借金しました。

(7)　平成18年4月、実兄鈴木一郎が経営する会社が倒産してしまい、E商工ローンから厳しい督促・取立てを受けるようになりました。

(8)　平成19年1月現在、保証債務も含めて、債権者10社より約1500万円の債務を抱えており、とても返済できなくなったので破産申立てをしました。

6　免責不許可事由　　□有　☑無　□不明

＊有又は不明の場合は、以下の質問に答えてください。

問1　本件破産申立に至る経過の中で、申立人が、当時の資産・収入に見合わない過大な支出（本旨弁済を除く）又は賭博その他の射倖行為をしたことがありますか（破産法252条1項1号）。　□補充あり

□有（→次の①～⑥に答えます）　☑無

①内容　ア　飲食　イ　風俗　ウ　買物（対象＿＿＿）　エ　旅行　オ　パチンコ　カ　競馬　キ　競輪　ク　競艇　ケ　麻雀　コ　株式投資　サ　商品先物取引　シ　その他（＿＿＿＿＿＿＿＿＿＿）

＊①の内容が複数の場合は、その内容ごとに②～⑥につき答えてください。

②時期＿＿＿年＿＿＿月ごろ～＿＿＿年＿＿＿月ごろ

③「②の期間中にその内容に支出した合計額」

ア　約＿＿＿万円　　イ　不明

④「同期間中の申立人の資産及び収入（ギャンブルや投資投機で利益が生じたときは、その利益を考慮することは可）からみて、その支出に充てることができた金額」　ア　約＿＿＿万円　　イ　不明

⑤「③－④」の差額　ア　約＿＿＿万円　　イ　不明

⑥「②の終期時点の負債総額」　ア　約＿＿＿万円　　イ　不明

問2　破産手続の開始を遅延させる目的で、著しく不利益な条件で債務を負担したり、又は信用取引により商品を購入し著しく不利益な条件で処分してしまった、ということがありますか（破産法252条1項2号）。

□補充あり

□有（→次の①～③に答えます）　☑無

①内容　ア　高利借入（→次の②に記入）　イ　換金行為（→③に記入）
ウ　その他（＿＿＿＿＿＿＿＿＿＿＿＿＿＿＿＿＿＿）

②高利（出資法違反）借入）

（単位：円）

借入先	借入時期	借入金額	約定利率

③換金行為

（単位：円）

品名	購入価格	購入時期	換金価格	換金時期

問３　一部の債権者に特別の利益を与える目的又は他の債権者を害する目的で、非本旨弁済をしたことがありますか（破産法 252 条１項３号）。

□補充あり

□有（→以下に記入します）　　☑無

（単位：円）

時期	相手の名称	非本旨弁済額

問４　破産手続開始の申立があった日の１年前の日から破産手続開始の決定があった日までの間に、他人の名前を勝手に使ったり、生年月日、住所、負債額及び信用状態等について誤信させて、借金したり、信用取引をしたことがありますか（破産法 252 条１項５号）。　□補充あり

□有（→以下に記入します）　　☑無

（単位：円）

時期	相手方	金額	内容

問５　破産手続開始申立前７年以内に以下に該当する事由がありますか（破産法 252 条１項 10 号）。

□有（番号に○をつけてください）　　☑無

1　免責決定の確定　免責決定日　　平成　　年　　月　　日

（決定書写しの添付）

2　給与所得者等再生における再生計画の遂行

再生計画認可決定日　　平成　　年　　月　　日

（決定書写しの添付）

3　ハードシップ免責決定（民事再生法235条1項、244条）の確定

再生計画認可決定日　　平成　　年　　月　　日

（決定書写しの添付）

問6　その他、破産法所定の免責不許可事由に該当すると思われる事由がありますか。

□有　　☑無

有の場合は、該当法条を示し、その具体的事実を記載してください。

問7　①　破産申立てに至る経過の中で、申立人が商人（商法4条。小商人〔商法8条、商改施法3条〈資本金50万円未満の非会社〉〕を除く。）であったことがありますか。

□有（→次の②に答えます）　　☑無

②　申立人が業務及び財産の状況に関する帳簿（商業帳簿等）を隠滅したり、偽造、変造したことがありましたか（破産法252条1項6号）。

□補充有り

□有　　☑無

有の場合は、aその時期、b内容、c理由を記載してください。

問8　本件について免責不許可事由があるとされた場合、裁量免責事由として考えられるものを記載してください。

以上

資産目録（一覧）

下記1からの項目については、あってもなくてもその旨を確実に記載します。
【有】と記載したものは、別紙（明細）にその部分だけを補充して記載します。
＊預貯金は、解約の有無及び残額の多寡にかかわらず、過去2年以内の取引がわかるように、各通帳の表紙を含め全ページの写しを提出します。
＊現在事業を営んでいる人又は過去2年以内に事業を営んでいたことがある人は過去2年度分の所得税の確定申告書の写しを、会社代表者の場合は過去2年度分の確定申告書及び決算書の写しを、それぞれ提出します。

1	申立時に20万円以上の現金がありますか。	【有 ㊀無】
2	預金・貯金	【㊒ 無】
	□過去2年以内に口座を開設したことがない。	
3	公的扶助（生活保護、各種扶助、年金など）の受給	【有 ㊀無】
4	報酬・賃金（給料・賞与など）	【㊒ 無】
5	退職金請求権・退職慰労金	【有 ㊀無】
6	貸付金・売掛金等	【有 ㊀無】
7	積立金等（社内積立、財形貯蓄、事業保証金など）	【有 ㊀無】
8	保険（生命保険、傷害保険、火災保険、自動車保険など）	【㊒ 無】
9	有価証券（手形・小切手、株券、転換社債）、ゴルフ会員権など	【有 ㊀無】
・	自動車・バイク等	【有 ㊀無】
・	過去5年間において、購入価格が20万円以上の物（貴金属、美術品、パソコン、着物など）	【有 ㊀無】
・	過去2年間に処分した評価額又は処分額が20万円以上の財産	【有 ㊀無】
・	不動産（土地・建物・マンション）	【有 ㊀無】
・	相続財産（遺産分割未了の場合も含みます）	【有 ㊀無】
・	事業設備、在庫品、什器備品等	【有 ㊀無】
・	その他、破産管財人の調査によっては回収が可能となる財産	【有 ㊀無】
	□過払いによる不当利得返還請求権　□否認権行使　□その他	

財産目録（別紙）

＊該当する項目部分のみを記載して提出します。資産がないにもかかわらず、別紙記載例の項目がありますと、資産の記入漏れと受けとられます。

1　現金　　　　0　円
＊申立時に 20 万円以上の現金があれば全額を記載します。

2　預金・貯金
＊解約の有無及び残額の多寡にかかわらず各通帳の表紙を含め、過去２年以内の取引の明細がわかるように全ページの写しを提出します。
＊表紙を含めた通帳の写しを提出しますので、口座番号の記載は不要です。

金融機関・支店名（郵便局を含む）	口座数	申立時の残額
○○○銀行　△△支店	1 口	3900 円
	口	円
	口	円
	口	円
	口	円

3　公的扶助（生活保護、各種扶助、年金など）の受給
＊生活保護、各種扶助、年金などをもれなく記載します。
＊受給証明書の写しも提出します。
＊金額は、一か月に換算してください。

種　類	金　額	開始時期	受給者の名前
	円／月	平・昭　　年　月　日	
	円／月	平・昭　　年　月　日	
	円／月	平・昭　　年　月　日	
	円／月	平・昭　　年　月　日	

4　報酬・賃金（給料・賞与など）
＊給料・賞与等の支給金額だけでなく、支給日も記載します（月払いの給料は、毎月○日と記載、賞与は直近の支給日を記載します）。
＊最近２か月分の給与明細及び源泉徴収票又は過去２年度分の確定申告書の各写しを提出します。源泉徴収票のない人、確定申告書の控えのない人、給与所得者で副収入のあった人又は修正申告をした人はこれらに代え又はこれらとともに課税（非課税）証明書を提出します。

5　退職金請求権・退職慰労金
＊退職金の見込額を明らかにするため、使用者又は代理人作成の退職金計算書を添付します。
＊退職後に退職金を未だ受領していない場合は４分の１相当額を記載します。

6　貸付金・売掛金等

＊相手の名前、金額、発生時期、回収見込の有無及び回収できない理由を記載します。

＊金額は、回収可能な金額です。

相手方	金　額	開始時期	回収見込	回収不能の理由
	円	平・昭　　年　月　日	□有　□無	
	円	平・昭　　年　月　日	□有　□無	
	円	平・昭　　年　月　日	□有　□無	
	円	平・昭　　年　月　日	□有　□無	
	円	平・昭　　年　月　日	□有　□無	
	円	平・昭　　年　月　日	□有　□無	

7　積立金等（社内積立、財形貯蓄、事業保証金など）

＊給与明細等に財形貯蓄などの計上がある場合には注意してください。

種　類	金　額	開始時期
	円	平・昭　　年　月　日
	円	平・昭　　年　月　日
	円	平・昭　　年　月　日
	円	平・昭　　年　月　日
	円	平・昭　　年　月　日
	円	平・昭　　年　月　日

8　保険（生命保険、損害保険、火災保険、自動車保険など）

＊申立人が契約者で、未解約のもの及び過去２年以内に失効したものを必ず記載します（出捐者か否かを問いません。）。

＊源泉徴収票、確定申告書等に生命保険料の控除がある場合や、家計や口座から保険料の支出をしている場合は、調査が必要です。解約して費消していた場合には、（・過去２年間に処分した財産）に記載することになります。

＊保険証券及び解約返戻金計算書の各写し、失効した場合にはその証明書（いずれも保険会社が作成します。）を提出します。

保険会社名	証券番号	解約返戻金額
○○生命保険相互会社	△△△△	3万　円
		円
		円
		円
		円
		円
		円
		円

家計全体の状況①

（平成 18 年 11 月分）

＊申立直前の２か月分の状況を提出します。
＊「交際費」「娯楽費」その他多額の支出は、具体的内容も記入します。
＊「保険料」のある人は、(　　) に保険契約者の名前も記入します。
＊「駐車場代」「ガソリン代」のある人は、(　　) に車両の名義人も記入します。

収　入			支　出		
費　目		金額（円）	費　目		金額（円）
給料・賞与	申立人	80,000	家賃（管理費も含む）		60,000
給料・賞与	配偶者	250,000	地代		
給料・賞与			食費		90,000
自営収入	申立人		水道光熱費		35,000
自営収入	配偶者		電話代		6,000
自営収入			新聞代		3,250
年金	申立人		保険料（　　　　）		3,000
年金	配偶者		駐車場代（　　　　）		
年金			ガソリン代（　　　　）		
生活保護			医療費		10,000
児童手当			教育費		45,000
他の援助	（援助者名）		交通費		
その他			被服費		5,000
			交際費		
			娯楽費		
			返済（対業者）		
			返済（対親戚・知人）		
			日用品		
			その他		
収入合計		330,000	支出合計		257,250

家計全体の状況②

（平成18年12月分）

＊申立直前の2か月分の状況を提出します。
＊「交際費」「娯楽費」その他多額の支出は、具体的内容も記入します。
＊「保険料」のある人は、（　　）に保険契約者の名前も記入します。
＊「駐車場代」「ガソリン代」のある人は、（　　）に車両の名義人も記入します。

収入			支出		
費目		金額（円）	費目		金額（円）
給料・賞与	申立人	80,000	家賃（管理費も含む）		60,000
給料・賞与	配偶者	250,000	地代		
給料・賞与			食費		90,000
自営収入	申立人		水道光熱費		35,000
自営収入	配偶者		電話代		5,500
自営収入			新聞代		3,250
年金	申立人		保険料（　　　　）		3,000
年金	配偶者		駐車場代（　　　　）		
年金			ガソリン代（　　　　）		
生活保護			医療費		10,000
児童手当			教育費		45,000
他の援助	（援助者名）		交通費		
その他			被服費		
			交際費		
			娯楽費		
			返済（対業者）		
			返済（対親戚・知人）		
			日用品		
			その他		
収入合計		330,000	支出合計		251,750

（記入の方法）

債権者一覧表

（3枚中1枚目）

（最初の介入通知日　平成14年4月3日）

番号	債権者名	債権者住所（送達場所）	借入時期	現在の残高（元利合計）
1	債権者　太郎	〒100-0013 千代田区霞が関1-1-1　○○ビル	平成11.3.1 ～ 平成12.10.9	236,300円
	①原因（A）　②使途（生活費　　　　） ③保証人　無・○有（甲野太郎　　）　④担保　無・○有（甲野太郎） ⑤差押等　無・○有（公正証書　　） ⑥最終返済日（平14年1月31日／□一度も返済していない）			
12	債権者　太郎	〒100-0004 千代田区大手町2-1-20　○○ビル	平成12.6.16 ～ 平成13.3.3	343,200円
	①原因（B）　②使途（パソコン購入　　　） ③保証人　無・○有（甲野太郎　　）　④担保　○無・有（　　　　） ⑤差押等　○無・有（　　　　） ⑥最終返済日（平13年11月30日／□一度も返済していない）			
債権者合計　12人　現在の残金額合計　　億　　532万6400円				

＊借入・購入年月日の古いものから記載します。

＊同じ債務者から何回も借り入れている場合には、初めて借り入れた時期に、金額、使途などをまとめて記載します。

＊債権者住所は、破産宣告等の書面の送達先を記載します。

＊借入時期及び現在の残高は、基本的に代理人が行った債権調査の結果（返送された債権調査票のままということではありません。）を記載します。

＊保証人がいる場合の保証人の求償債務、公共料金、勤務先からの借入、家賃の滞納分、生命保険会社からの契約者貸付、親族からの借入なども忘れずに記載します。

①「原因」欄には、A＝現金の借り入れ、B＝物品購入、C＝保証、D＝その他、のいずれかの記号を記入します。

②「使途」欄には、借入金を何に使ったのか、何を買ったのか、誰の債務を保証したのかなど、具体的に記入します。

③「保証人」「担保」欄には、保証人や担保がある場合の保証人氏名、具体的な担保の種類を記載します。

④「差押等」欄には、債務名義（公正証書も含む）の有無・種類、訴訟係属の有無、差押、仮差押の有無を記載します。また、これらがある場合には、その関係書類の写しを提出します。

＊弁済代位により債権者が代わっている場合には、新債権者の名称、住所を記載します。但し、「原因」等の欄には、旧債務者から借り入れたときの事情を記載します。

＊債務者が保証人である場合は、求償債務も忘れずに記載します。

＊公租公課（国税徴収法または国税徴収法の例により徴収することのできる請求権）は、公租公課用の一覧表に記入して下さい。「種別」欄には、所得税、住民税、預かり消費税、固定資産税、自動車税、国民健康保険料、国民年金保険料などを具体的に記載します。

＊債権者が5名以上いる場合には、同種類の債務者一覧表を複数枚使用します。その場合、最後の債権者一覧表には、公租公課を含む債権者合計人数及び現在の残金合計を記入します。

債権者一覧表（一般用）

（2枚中1枚目）

（最初の介入通知日　平成16年5月2日）

<table>
<tr><th>番号</th><th>債権者名</th><th>債権者住所（送達場所）</th><th>借入時期</th><th>現在の残高
（元利合計）</th></tr>
<tr><td rowspan="2"></td><td>Aサラ金㈱</td><td>〒△△△—××××
東京都○○区××町1—3</td><td>平成5年3月15日
～
平成　年　月　日</td><td>15万6000円</td></tr>
<tr><td colspan="4">①原因（A）　②使途（実父入院費用　　　　）
③保証人　(無)・有（　　　　　）　④担保　(無)・有（　　　　　）
⑤差押等　(無)・有（　　　　　）
⑥最終返済日（平18年10月25日／一度も返済していない）</td></tr>
<tr><td rowspan="2"></td><td>B信販㈱</td><td>〒△△△—××××
東京都○○区××町2—1</td><td>平成7年5月25日
～
平成　年　月　日</td><td>34万5500円</td></tr>
<tr><td colspan="4">①原因（B）　②使途（日用品・電気製品の購入　　　　）
③保証人　(無)・有（　　　　　）　④担保　(無)・有（　　　　　）
⑤差押等　(無)・有（　　　　　）
⑥最終返済日（平18年10月28日／一度も返済していない）</td></tr>
<tr><td rowspan="2"></td><td>Cサラ金㈱</td><td>〒△△△—××××
東京都○○区××町4—13</td><td>平成9年4月1日
～
平成　年　月　日</td><td>65万3000円</td></tr>
<tr><td colspan="4">①原因（A）　②使途（教育費・生活費　　　　）
③保証人　(無)・有（　　　　　）　④担保　(無)・有（　　　　　）
⑤差押等　(無)・有（　　　　　）
⑥最終返済日（平18年10月28日／一度も返済していない）</td></tr>
<tr><td rowspan="2"></td><td>㈱Dクレジット</td><td>〒△△△—××××
東京都○○区××町6—10</td><td>平成9年4月2日
～
平成　年　月　日</td><td>75万2500円</td></tr>
<tr><td colspan="4">①原因（A）　②使途（教育費・生活費　　　　）
③保証人　(無)・有（　　　　　）　④担保　(無)・有（　　　　　）
⑤差押等　(無)・有（　　　　　）
⑥最終返済日（平18年10月28日／一度も返済していない）</td></tr>
<tr><td rowspan="2"></td><td>E商工ローン㈱</td><td>〒△△△—××××
東京都○○区××町7—3</td><td>平成11年5月10日
～
平成　年　月　日</td><td>1000万円</td></tr>
<tr><td colspan="4">①原因（C）　②使途（実兄の借り入れ保証　　　　）
③保証人　(無)・有（　　　　　）　④担保　(無)・有（　　　　　）
⑤差押等　(無)・有（　　　　　）
⑥最終返済日（平　年　月　日／(一度も返済していない)）</td></tr>
<tr><td colspan="5">債権者合計　　　　人　　現在の残金額合計　　　　億　　　　万　　　　円</td></tr>
</table>

債権者一覧表（一般用）

（２枚中２枚目）

（最初の介入通知日　平成　　年　　月　　日）

<table>
<tr><th>番号</th><th>債権者名</th><th>債権者住所（送達場所）</th><th>借入時期</th><th>現在の残高（元利合計）</th></tr>
<tr><td rowspan="2"></td><td>F信販㈱</td><td>〒△△△－××××
東京都○○区××町８－４</td><td>平成14年４月１日
～
平成　年　月　日</td><td>87万6400円</td></tr>
<tr><td colspan="4">①原因（A）　②使途（長男の大学入学費用　　　　）
③保証人　(無)・有（　　　　　）　④担保　(無)・有（　　　　）
⑤差押等　(無)・有（　　　　　）
⑥最終返済日（平18年10月25日／一度も返済していない）</td></tr>
<tr><td rowspan="2"></td><td>Gクレジット㈱</td><td>〒△△△－××××
東京都○○区××町５－３</td><td>平成14年４月２日
～
平成　年　月　日</td><td>43万8300円</td></tr>
<tr><td colspan="4">①原因（A）　②使途（次男の高校入学費用　　　　）
③保証人　(無)・有（　　　　　）　④担保　(無)・有（　　　　）
⑤差押等　(無)・有（　　　　　）
⑥最終返済日（平18年10月25日／一度も返済していない）</td></tr>
<tr><td rowspan="2"></td><td>㈱Hサラ金</td><td>〒△△△－××××
東京都○○区××町４－２</td><td>平成15年10月25日
～
平成　年　月　日</td><td>64万2000円</td></tr>
<tr><td colspan="4">①原因（A）　②使途（借金の返済　　　　）
③保証人　(無)・有（　　　　　）　④担保　(無)・有（　　　　）
⑤差押等　(無)・有（　　　　　）
⑥最終返済日（平18年10月30日／一度も返済していない）</td></tr>
<tr><td rowspan="2"></td><td>Iサラ金㈱</td><td>〒△△△－××××
東京都○○区××町４－３</td><td>平成15年10月25日
～
平成　年　月　日</td><td>73万7000円</td></tr>
<tr><td colspan="4">①原因（A）　②使途（借金の返済　　　　）
③保証人　(無)・有（　　　　　）　④担保　(無)・有（　　　　）
⑤差押等　(無)・有（　　　　　）
⑥最終返済日（平18年10月30日／一度も返済していない）</td></tr>
<tr><td rowspan="2"></td><td>Jサラ金㈱</td><td>〒△△△－××××
東京都○○区××町７－４</td><td>平成15年10月25日
～
平成　年　月　日</td><td>45万4000円</td></tr>
<tr><td colspan="4">①原因（A）　②使途（借金の返済　　　　）
③保証人　(無)・有（　　　　　）　④担保　(無)・有（　　　　）
⑤差押等　(無)・有（　　　　　）
⑥最終返済日（平18年10月30日／一度も返済していない）</td></tr>
<tr><td colspan="5">債権者合計　　10人　　現在の残金額合計　　　億　1505万4700円</td></tr>
</table>

また、最近では、中立人債務者の代理人として弁護士がついている場合は、破産審尋を行わず、書面審査だけで破産手続開始決定を行う裁判所も多くなってきています。

③破産手続開始決定

審尋が行われた結果、債務者に支払不能などの破産要件が備わっていれば、審尋の日時からあまり間隔をおかずに直ちに破産手続開始決定がなされます。なお、東京地方裁判所（本庁）における即日面接手続における破産手続開始決定については前述したとおりです。

その際、債務者が不動産、株式、預貯金など一定の財産を有している場合は、破産手続開始決定と同時に破産管財人（通常弁護士が選任されます）が選任され、債務者の財産を売却して金銭に換価した上で、全債権者に債権額に応じて公平に配当されます。

債務者が不動産その他めぼしい財産を所有していない場合は、破産手続開始決定と同時に破産廃止の決定がなされます。これを「同時廃止」といいます。

個人破産（消費者破産）のほとんどは、債務者が不動産、株式、預貯金などめぼしい財産を所有していないので、同時廃止となり、破産管財人は選任されず、債務者の財産が換価されることもなく、破産手続は終了しています。

④免責審尋

破産手続の開始決定・同時廃止の決定

平成 19 年（フ）第○○○○号破産手続開始申立事件

決　定

東京都○○区△△ 3 - 1 5 - 5
債権者　山田花子（旧姓　鈴木）

主　文

債権者山田花子（旧姓　鈴木）について破産手続きを開始する。
本件破産を廃止する。

理　由

一件記録によれば、債務者が支払不能の財産状態にあり、かつ、破産財団をもって破産手続きの費用を償うに足りないことは明らかである。

よって、破産法 15 条 1 項、216 条 1 項を適用して主文のとおり決定する。

平成 19 年 1 月 27 日午後 5 時宣告
東京地方裁判所民事第 20 部
裁判官　○○○○
上記は正本である。
前同日
東京地方裁判所民事第 20 部
裁判所書記官　○○○○

免責許可決定

平成19年（モ）第○○○○号
(平成19年(フ)第○○○○号平成19年1月27日午後5時破産宣告)

決　定

本籍　○○県△△市××町２１
住所　東京都○○区△△３‐１５‐５
　　破産者　山田花子（旧姓　鈴木)

主　文

破産者　山田花子（旧姓　鈴木）の免責を許可する。

理　由

破産者には破産法252条1項所定の免責不許可事由に該当する事実は認められない。

平成19年3月25日
東京地方裁判所民事第20部
裁判官　○○○○

上記は正本である。
前同日
東京地方裁判所民事第20部
裁判官　○○○○

破産手続開始・免責許可申立てをしてから三〜四か月後に免責許可申立ての内容について、裁判官から直接口頭で質問を受けます。これを「免責審尋」といいます。

従来は、免責審尋は一人一人個別に行われていましたが、最近では免責許可申立てをした破産者を一同に集めて集団で免責審尋を行う裁判所が多くなっています。

⑤免責許可決定、免責不許可決定

免責の審尋が行われてから、一週間後くらいに免責許可決定または免責不許可決定がなされます。

免責許可決定がなされれば、債務を免除されるとともに破産者のさまざまな資格制限もすべてなくなります。免責不許可決定がなされれば、破産者の債務はなくなりませんし、破産者の資格制限も残ることになります。

現在行われている個人破産（消費者破産）事件では、免責許可申立てをした破産者のうち九五％近くの人が免責許可決定を受けています。

(7) 自己破産申立ての手続

自己破産の申立ては、原則として債務者本人の住所地または居所を管轄する地方裁判所に対して行います。

自己破産の申立ては口頭でもできることになっていますが、裁判所の実際の取り扱いはほとんど書面での申立てです。

書面で自己破産の申立てをする場合は、次のような書類が必要です。

自分で申立てをすることもできますが、弁護士や司法書士に頼めば手続はスムーズに運びます。

①破産手続開始・免責許可申立書
②陳述書（破産手続開始申立てに至るまでの事情、生活状況、財産状態などを記載する）
③債権者一覧表（借金の借入先をすべて記載する）
④資産目録・生活等の状況（債務者の財産の内訳や、生活等の状況を記載する）
⑤戸籍謄本、または外国人登録証明書
⑥住民票（世帯全員のもの）
⑦給料明細書
⑧源泉徴収票または課税証明書あるいは非課税証明書
⑨退職金支給額証明書
⑩生活保護受給証明書（生活保護を受けている場合）
⑪年金受給証明書（年金をもらっている場合）

⑫生命保険証書と解約返戻金の証明書（生命保険に加入している場合）
⑬預貯金通帳のコピー
⑭自動車の車検証・バイクの登録事項証明書のコピー（自動車やバイクを所有している場合）
⑮家屋賃貸契約書のコピー（アパートやマンションを借りている場合）
⑯土地、建物登記簿謄本（土地、建物を所有している場合）

陳述書の記載のしかた

多くの裁判所では、債務者の支払い不能状況をより詳細に把握するため、自己破産申立ての際に債務者本人の陳述書を提出させることにしています。

陳述書は次のような事項を記載します。

①申立人（債務者）の経歴（主な職歴または事業内容など）
②家族の状況（家族構成、職業または就学状況など）
③現在の住居の状況
④破産手続開始申立費用の調達方法
⑤破産手続開始申立てに至った事情（借金の時期や動機、使途など）
⑥免責不許可事由の有無など

陳述書の中では、破産手続開始申立てに至ったいきさつ（多額の負債を抱えるに至ったいきさつ）について、年代順に具体的に書くことが大切です。

いつ頃、どの業者（債権者）から、何に使う目的で、どのくらいの金額を借りたのかを具体的に記載することが必要です。

また、最終的な負債総額と毎月の返済必要額および自分の月収と返済可能額についても具体的に記載しておくと、申立人（債務者）が支払い不能の状態であることがわかりやすくなります。

債権者一覧表には、クレジット・サラ金業者の債権者だけではなく、親戚や友人などを含めたすべての債権者を記載する必要があります。

虚偽の債権者名簿を提出することは、免責不許可の事由の一つとされていますので、正直に申告する必要があります。

⑻ 自己破産申立ての費用はどれくらいかかるか

収入印紙代・予納郵券・予納金などが必要となる

①収入印紙代…東京地方裁判所の場合、申立時に一五〇〇円の収入印紙を貼ります。

②予納郵券（郵便切手）代…予納郵券額は各地方裁判所により差がありますが、八〇〇〇円

〜二万円前後の郵券を納めることになります。東京地方裁判所の場合、四〇〇〇円の予納郵券を納めます。

③予納金…予納金の額は、破産管財人を選任して破産手続がなされる場合（不動産などのめぼしい財産がある）と、破産手続開始決定と同時に破産廃止決定がなされる場合（これといった資産がない）とでは、大きな差があります。

多重債務者の自己破産申立ての場合は、家財道具を除けば、ほかに特別な財産がないことが多いので、大体において、どの地方裁判所でも同時破産廃止を認めるようになってきています。東京地方裁判所の場合、破産管財人を選任して破産手続をする場合は、通常管財事件の予納金は五〇万円以上、少額管財事件の予納金は二〇万円程度、また同時破産廃止決定がなされる場合の予納金は債務者本人申立ての場合は一万五〇〇〇円、弁護士が債務者代理人となって申し立てる場合は一万二九〇〇円前後です。

予納金の額は地方裁判所によって若干の違いがありますが、だいたい東京地方裁判所と同じくらいと考えてよいでしょう。

中には、同時破産廃止の場合、予納金が一万円以下という地方裁判所もあるようです。

以上のとおりですので、東京地方裁判所において債務者本人が破産手続開始・免責許可申立てをし、同時破産廃止決定がなされる場合の費用合計は、約二万五〇〇〇円ということになります。

このほか、もし弁護士に依頼するなら、弁護士費用が必要となります。東京三弁護士会のクレジット・サラ金相談センターの場合、自己破産申立ての弁護士費用は着手金が二〇万～四〇万円、免責許可決定が得られた場合の報酬金は二〇万～四〇万円となっています。

申立ての費用が用意できなければ

もし、自己破産申立てをしたいが、経済的余裕がなくどうしても費用の捻出ができない場合には、日本司法支援センター（愛称法テラス）が弁護士費用を立て替えてくれますので、各地の法テラスを訪ねて、そこで相談してみてください。また、破産手続費用を国から借りる国庫仮支弁の制度もあります。

(9) 破産手続開始決定がなされるまでどれくらいの時間がかかるか

自己破産の申立てをした一～二か月後に担当裁判官より、自己破産申立ての事情について質問されます。これは破産審尋期日と呼ばれています。

破産審尋期日で裁判官よりたずねられる事項は、申立書や陳述書に記載した内容とほぼ同じです。

多くの裁判所では、破産手続開始申立てがなされた後、各債権者に対して意見聴取書を送付します。

①債務者の資産状況
②債務者の破産原因
③同時破産廃止の可否
④最近半年くらいの間に、債務者から資産を受け取ったことの有無
⑤債務者の詐欺的行為、浪費、賭博およびこれに類する行為または他の債権者に対する公平な弁済に有無

などについて意見を聞くためですが、この回答が裁判所に到達する頃を見込んで、破産審尋期日が指定されるのです。

債務者の破産審尋と各債権者の意見を聴取した結果、相当であると認められたときには、裁判所は、破産手続開始決定をします。また、めぼしい資産がない債務者に対しては、あわせて同時破産廃止の決定をします。

したがって、破産手続開始決定と同時破産廃止の決定が出るまでの期間は、自己破産の申立てをしてから、約一か月から二か月間ということになります。

その後、破産手続開始決定と同時破産廃止の決定は官報に公告されます。

破産申立て当日に破産手続開始決定がなされることもある

なお、自己破産申立ての代理人として弁護士がついている場合、東京地方裁判所などでは、

自己破産申立て当日あるいは申立て後二〜三日以内に、裁判官が代理人の弁護士と面接を実施し、面接の当日午後五時に破産手続開始決定を行う「即日面接」という手続が行われています。この場合は、債務者は破産審尋期日に裁判所に出頭しなくてよいわけです。

書面審査だけで破産手続開始決定がなされる裁判所もある

また、裁判所によっては自己破産申立ての代理人として弁護士がついている場合は、弁護士とも面接をせずに、書面審査だけで申立後一か月後位に破産手続開始決定を行っている裁判所も出てきています。

⑽ 即日面接手続とは

東京地方裁判所において実施されている即日面接手続は、一九九九年四月頃から運用が開始されています。

即日面接とは、弁護士が代理人となって申し立てる個人の自己破産申立事件についてのみ行われます。申立て当日あるいは申立ての翌日から三営業日以内に裁判官が申立代理人（弁護士）のみと面接し、問題がないと認められる事件については、面接当日午後五時に破産手続開始決定を行う手続です。

現在のところ代理人として弁護士がついている自己破産申立事件に限られており、債務者本人による自己破産申立事件では行われていません。

債務者は破産審尋期日に出頭しなくてよい

即日面接手続では、破産審尋において裁判官は代理人である弁護士のみと面接しますので、債務者本人は破産審尋期日に出頭しなくてよいことになっています。

したがって、東京地方裁判所の即日面接手続による自己破産申立事件では、債務者は原則として免責審尋の期日に一回だけ裁判所に出頭すればよいわけです。

即日面接手続では、同時廃止事件の場合は面接当日に破産手続開始決定がなされており、少額管財事件の場合は面接した翌週の水曜日に破産手続開始決定がなされています。

また、即日面接手続を利用した場合、同時廃止事件では、だいたい、破産手続開始決定後一か月半以内に免責審尋が行われています。

なお、新破産法下では、破産手続開始申立と同時に免責許可申立も行うのが一般的となっており、裁判所に提出する債務者の陳述書は最初の免責許可申立ての際提出する陳述書だけであり、免責許可申立てに関する陳述書を別に提出する必要はありません。

自己破産申立ての代理人として弁護士がついている場合は、破産審尋は省略し、また代理人の弁護士とも面接せず書面審査だけで破産手続開始決定を行う裁判所も出てきていることは前述したとおりです。

(11) 同時廃止とはどのようなものか

債務者の財産が少なくて破産手続の費用すら出ない場合には、破産手続を進めても意味がありません。この場合、破産管財人を選任しないで、破産手続開始決定と同時に、破産手続を終結します。これを同時破産廃止（同時廃止）といいます。現在、個人の自己破産（消費者破産）申立事件の約九〇％は同時破産廃止事案です。

破産手続開始決定後、破産管財人が選任されて、現実に破産手続が開始された後、財産が少なくて破産手続費用も出せないと認められるときには、破産管財人の申立て、または裁判所の職権で破産廃止決定がなされ、破産手続が中止されることがあります。これを異時破産廃止（異時廃止）といいます。

多重債務者の自己破産の場合は、まったく財産のないケースが大半ですから、ほとんどの裁判所では破産手続開始決定と同時に同時破産廃止がなされています。

同時破産廃止事件では、破産管財人が選任される通常の破産手続と比較して裁判所に納める予納金が安く、ほぼ二万円くらいですみます。

公私の資格制限はあるが、居住等の制現はない

同時廃止の場合でも、破産手続開始決定が行われますから、債務者が破産者になったことに変わりはありません。ですから、公私の資格制限があります。

しかし、破産手続は終結しますので、破産手続開始決定時に所有していた財産の管理処分権は喪失しません。破産手続開始決定後に新たに取得した財産は、もちろん自分のものです。また、居住の制限、通信の秘密の制限などの自由の制限もありません。

破産者がその後免責許可決定を受ければ、公私の資格制限もなくなります。

(12) 少額管財手続とは

東京地方裁判所において実施されている少額管財手続は、一九九九年四月から運用が開始された手続です。財産が少額であると見込まれる個人の自己破産申立事件について、手続を簡素化した上で予納金の低額化が図られています。

少額管財事件は、現在は弁護士が代理人としてついている自己破産申立事件のみが対象とされています。債務者本人による自己破産申立事件は対象とされていません。

債務者が誠実であれば免責不許可事由がある場合でも免責も可能

以前は、免責不許可事由がある場合、裁判所はすべてを免責するのでなく、一部につき支払いを命じていました。

しかし、少額管財手続においては、免責不許可事由が存在する場合でも、管財人が破産者の誠実性を調査した上で裁量免責相当であるという意見を述べれば、裁判所は積立額や債権者に対する配当の有無にかかわらず、免責許可決定をするようになっています。この結果、東京地方裁判所では、免責不許可事由がある場合でも一部の支払い勧告は、まったく行われなくなってきています。

予納金の低額化

少額管財手続の予納金は、二〇万円であり、分納も認められています。その他、収入印紙代一五〇〇円、予納郵券四〇〇〇円を破産申立て時に納めます。

これまでの管財事件の予納金は、最低でも五〇万円であり、負債額によっては八〇万円～一五〇万円の予納金が必要となるケースも珍しくありませんでした。

また、法人併存型（事業主が会社と個人の破産を同時に行う）の少額管財手続の予納金も二〇万円なのですが、これまでだと最低でも個人の予納金が五〇万円、法人の予納金が七〇万円で合計一二〇万円の予納金が必要でしたので、ぐっと低額化したことになります。

予納金の低額化は、破産手続をこれまで以上に利用しやすくするものです。

手続の簡易・迅速化

少額管財手続は、手続も簡素化・迅速化されており、大半の少額管財事件は、破産手続開始決定後三か月以内に第一回債権者集会と債権調査期日、破産廃止に関する求意見集会期日、管財人の任務終了集会期日、破産者の免責審尋期日が同時に行われ、破産手続開始決定後約四か月で免責許可決定がなされています。

東京地方裁判所における簡易迅速な少額管財手続の試みは、少額管財・小規模管財・簡易管財というようなネーミングで全国の裁判所に広がっています。

(13) 免責許可申立ての手続

免責許可申立てをするには

免責許可申立ては、書面または口頭で行うことができるとされていますが、普通は免責許可の申立書を裁判所に提出します。

新破産法下では、破産手続開始の申立てと同時に免責許可の申立てしているのが一般的です。また、債務者が特に免責許可の申立てをしていなくても、債務者が破産手続開始も申立てをしたときは、原則として免責許可の申立てをしたものとみなされます。これまでは、債務者本人が自己破産申立てをする場合などにおいて。免責申立期間を経過してしまい免責が受けられなくなるケースも生じていましたが、新破産法ではこのようなこともなくなるわけです。

免責許可の申立ては、破産手続開始の申立てがあった日から破産手続開始の決定が確定した以後一か月を経過するまでの間にしなければならないことになっています。債務者の責めに帰することができない事由により右期間内に免責許可の申立てをすることができなかった場合には、その事由が消滅した後一か月以内に限り免責許可の申立てをすることができます。

このように免責許可の申立期間が定められていますが、前述したとおり、新破産法下では債務者が破産手続開始の申立てをしたときは免責許可の申立てをしたものとみなされますので、申立期間を徒過する心配はないわけです。

しかしながら、債権者申立てによって破産手続が開始された場合においては、旧破産法下においては破産手続の解止に至るまでの間免責申立てが可能でしたが、新破産法下では、右に述べたとおり破産手続開始の決定が確定した日以後一か月を経過するまでの間に免責許可の申立てをしなければならなくなっているので、注意しなければなりません。

免責許可を申し立てる場合の費用

東京地方裁判所の場合、同時廃止の事案では免責許可を申し立てる場合、印紙代五〇〇円が必要です。破産手続開始申立てと免責許可申立てを同時にする場合は印紙代が一五〇〇円必要です。

免責許可申立ての費用は、各地方裁判所によって若干の違いがあります（予納金や予納郵券を納めさせるところもある）が、ほぼ東京地方裁判所と同様と考えてよいと思います。

免責許可申立てから裁判所に出頭する免責審尋までの期間は、各地の裁判所によって違いがありますが、だいたい二～三か月後位となっています。

(14) 免責の手続と免責不許可事由

免責の手続

免責許可の申立てがあると、裁判所は破産者を免責するかどうか審理します。審理の方法は、裁判所が免責審尋期日を定めて破産者を審尋し、破産法の定める免責不許可事由があるかどうかを調査するのです。免責審尋期日は破産債権者にも通知され、出席の機会が与えられます。

破産債権者や破産管財人は破産者の免責許可申立てに対し、裁判所に免責許可の決定をすることについての当否について意見申述をすることができます。

裁判所は調査の結果、破産者に免責不許可事由がなければ、免責許可決定をします。

免責不許可事由

次のような免責不許可事由があれば、免責許可決定を受けられないことがありますので気をつける必要があります。

①債権者を害する目的で破産財団に属し、または属すべき財産を隠したり、壊したり、債権者に不利益な処分をしたり、その他破産財団の価値を不当に減少させる行為をしたこと
②破産手続の開始を遅らせる目的で、著しく不利益な条件で債務を負担し、信用取引で商品を買い入れて著しく不利益な条件でしたこと
③特定の債権者に対する債務について、その債権者に特別の利益を与える目的または他の債権者を害する目的で債務者の義務に属しないのに、担保を提供したり、債務を弁済したりすること
④浪費または賭博その他の射倖行為で著しく財産を減少させ、または過大な債務を負担したこと
⑤破産手続開始の申立てがあった日の一年前の日から破産手続開始の決定のあった日までの間に、破産手続開始の原因となる事実があることをしりながら、その事実がないと信じさせるため、詐術を用いて信用取引により財産を取得したこと
⑥業務および財産の状況に関する帳簿、書類その他の物件を隠匿し、偽造し、または変造したこと
⑦虚偽の債権者名簿を提出したこと

⑧破産手続の中で、裁判所が行う調査において、説明を拒んだり虚偽の説明をしたこと
⑨不正な手段により、破産管財人、保全管理人、破産管財人代理または保全管理人代理の職務を妨害したこと
⑩次のイからハまでに掲げる事由のいずれかがある場合において、イからハまでに定める日から七年以内に免責許可の申立てがあったこと
イ　免責許可が確定したこと　免責許可決定確定の日
ロ　給与所得者等再生における再生計画が遂行されたこと　再生計画認可決定確定の日
ハ　ハードシップ免責の決定が確定したこと　その免責決定に係る再生計画認可決定確定の日
⑪説明義務、重要財産開示義務、裁判所または破産管財人が行う調査に対する協力義務その他破産法が定める義務に違反したこと
などが免責不許可事由です。

裁判所が、以上に掲げたような免責不許可事由がないと判断した場合は、免責許可決定がなされます。また、免責不許可事由がある場合でも、破産手続開始の決定に至った経緯その他一切の事情を考慮して免責を許可することが相当であると認めるときは、裁判所は裁量により免責許可決定できることになっています。したがって、免責不許可事由がある場合でも、あきらめることはないわけです。

東京地方裁判所の場合、同時廃止のケースでは破産手続開始・免責申立てをしてから免責許可決定が出るまで、約三～四か月かかっています。

(15) 管財事件の場合、自分の手元に残しておける財産（「自由財産」）にはどんなものがあるか

破産手続の開始決定時において破産者が所有する財産のうち、破産者が自由に管理・処分できる財産のことを「自由財産」といいます。

新破産法では、破産者の経済生活の再生を容易にするため、旧破産法と比較して破産者が自由に管理・処分できる自由財産の範囲を大幅に拡大しています。また、新破産法は自由財産の範囲を拡張する裁判制度を新設しています。

新破産法が定める自由財産の範囲は次のとおりとなっています。

①現金は九九万円までが自由財産

現金については、従来は二一万円までが自由財産とされていましたが、民事執行法と同施行令の改正により二〇〇四年四月一日からは六六万円までが自由財産とされていました。

新破産法は、自由財産となる現金の範囲を拡大し、九九万円までを自由財産としています。

なお、ここで自由財産と認められるのは「現金」だけであり、預貯金や生命保険解約返戻金等は含まれないので注意を要します。

②差押禁止財産

新破産法は、現金九九万円の他に、差押禁止財産を自由財産としています。民事執行法一三一条は、次のような財産を差押禁止財産としています。

①債務者等の生活に欠くことができない衣服、寝具、家具、台所用品、畳および建具
②債務者等の一月間の生活に必要な食料および燃料
③主として自己の労力により農業を営む者の農業に欠くことができない器具、肥料、労役の用に供する家畜およびその飼料ならびに次の収穫まで農業を続行するために欠くことができない種子その他これに類する農産物
④主として自己の労力により漁業を営む者の水産物の採捕または養殖に欠くことができない漁網その他の漁具、えさおよび稚魚その他これに類する水産物
⑤技術者・職人・労務者その他の主として自己の知的または肉体的な労働により職業または営業に従事する者のその業務に欠くことのできない器具その他の物（商品を除く）
⑥実印その他の印で職業または生活に欠くことができないもの
⑦仏像、位牌その他礼拝または祭礼に直接供するため欠くことができない者

⑧債務者に必要な系譜、日記、商業帳簿、およびこれらに類する書類
⑨債務者またはその親族が受けた勲章その他の名誉を表章する物
⑩債務者等の学校その他の教育施設における学習に必要な書類および器具
⑪発明に係る物で、まだ公表していないもの
⑫債務者等に必要な義手、義足その他の身体の補足に供するもの
⑬建物その他の工作物について、災害の防止または保安のため法令の規定により設備しなければならない消防用の機械または器具、避難器具その他の備品

③その他の自由財産

以上のほか、破産管財人が破産財団から放棄した財産や破産手続の開始決定後、破産者が新たに取得した財産（新得財産）も、破産者は自由に使える自由財産となります。

⒃自由財産範囲拡張の裁判制度の新設

自由財産の見直しは、破産者についての自由財産の枠を一律に拡大するものですが、個別の破産者に自由財産範囲を拡張すべき特別の事情がある場合についてまで対応することができません。

また、破産手続開始の申立て前に破産者が財産を現金で所持している場合は少ないのが実情です。そこで、預貯金、生命保険解約返戻金、退職金債権、自動車などの取り扱いが問題となります。

そこで、新破産法は、破産者の個別の事情に応じた経済生活の再生を図ることを可能とするため、裁判所の判断により、事案に応じて柔軟に自由財産の範囲を拡張することができる制度を設けています。

自由財産の範囲拡張の裁判は、破産手続開始の決定があった時から当該決定が確定した日以後一月を経過するまでの間に、破産者の申立てまたは裁判所の職権により、破産者の生活の状況、破産手続開始の時において破産者が有していた自由財産の種類および額、破産者が収入を得る見込みやその他の事情を考慮して行われることになっています（破産法三四条四項）。

また、裁判所が自由財産の範囲拡張の裁判をするにあたっては、破産管財人の意見を聴かなければならないものとされています（同条五項）。ただし、裁判所がいちいち拡張の裁判をしなければならないとすると、ほとんどの破産手続で破産管財人を選任する必要が出てくる上に裁判所の負担も重くなることから、簡易な処理方法が検討されています。

(17) 破産手続における債務者財産の換価基準

裁判所がいちいち自由財産範囲拡張の裁判をしなければならないとすると、ほとんどの破産手続で破産管財人を選任する必要が出てくる上に、裁判所の負担を重くすることからどこの裁判所でも簡易な処理方法としてあらかじめ「破産手続における債務者財産の換価に関する基準」がつくられているのが一般的です。たとえば、東京地方裁判所の破産部で作られている換価基準は次のとおりです。

一　換価等をしない財産

(1)　個人である債務者が有する次の①から⑩までの財産については、原則として、破産手続における換価または取立て（以下「換価等」という）をしない。

①九九万円に満つるまでの現金
②残高が二〇万円以下の預貯金
③見込額が二〇万円以下の生命保険解約返戻金
④処分見込額が二〇万円以下の自動車
⑤居住用家屋の敷金債権
⑥電話加入権
⑦支給見込額の八分の一相当額が二〇万円以下である退職金債権
⑧支給見込額の八分の一相当額が二〇万円を超える退職金債権の八分の七

⑨家財道具
⑩差押えを禁止されている動産または債権
(2) 前記(1)より換価等をしない場合には、その範囲内で自由財産拡張の裁判があったものとして取り扱う。

二 換価等をする財産
(1) 債務者が前記一の①から⑩までに規定する財産以外の財産を有する場合には、当該財産については、換価等を行う。ただし、管財人の意見を聴いて相当と認めるときは、換価等をしないものとすることができる。
(2) 前記(1)ただし書により換価等をしない場合には、その範囲内で自由財産拡張の裁判があったものとして取り扱う。

三 換価等により得られた金銭の債務者への返還
(1) 前記二の規定により財産の換価等をした場合において、換価等により得られた金銭の額および前記一の①から⑩までの財産（⑦の財産にあっては退職金の八分の一）のうち換価等をしなかったものの価格の合計額が九九万円以下である場合には、管財人の意見を聴いて相当と認めるときは、当該換価から得られた金銭から管財人報酬および換価費用を控除した額の全部または一部を債務者に返還させることができる。ただし、その財産の存在を債務者が申述しなかったとき、その他返還が相当でないと認めるときは、この限りでない。

(2)　前記(1)により債務者に返還された金銭に係る財産については、自由財産の拡張の裁判があったものとして取り扱う。

四　この基準によることが不相当な事案への対処

この基準によることが不相当と考えられる事案については、管財人の意見を聴いた上、この基準と異なった取り扱いをするものとする。

(18)　自己破産の申立てをするとクレジット・サラ金業者の取立てがますます厳しくならないか

貸金業法による取立行為規制では、債務者が自己破産申立てなどの裁判手続をとったことの通知を受けた後に、債権者が正当な理由なく債務者に支払い請求をすることを禁止しています。

ですから、自己破産の申立てをした旨を債権者に通知すれば、過酷な取立ては止まります。

もし、自己破産申立てした旨の通知書を出した後でも厳しい取立てを受けた場合は、直ちに貸金業法違反で刑事告訴すると同時に、監督官庁（金融庁財務局または都道府県知事）に対し苦情申立てまたは行政処分の申立てを行えばよいでしょう。

また、自己破産申立てをするまで、どうしても厳しい取立てに耐えられない場合は、自己破産の申立てを弁護士や司法書士に依頼し、弁護士や司法書士から、各クレジット・サラ金業者に弁護士や司法書士の受任通知書を送付してもらえば、厳しい取立てもなくなります。

⒆ もし免責許可決定が受けられなかったらどうすればよいか

破産手続開始決定がなされても免責許可決定が受けられなければ借金は免除されません。

しかしながら、破産手続開始決定がなされると破産債権者はその債権額の半額について、税法上損金処理ができるようになるため、債権者の請求は大幅に少なくなります。

また、債権者によっては、債務者から回収できなかった分は損害として、損害保険で填補しているケースもあります。中には、債権回収をあきらめるケースもあります。

このように、破産手続開始決定がなされれば、免責許可決定が受けられなくても債権者の請求は大幅に少なくなります。それでもなお請求をしてくる債権者とは、利息制限法に基づき残債務を計算した上で分割弁済などの交渉をして債務整理をすることができます。

場合によっては、特定調停や個人再生の申立てをして債務整理をすることも考えられます。

このようにして債務整理をすることができたとしても、免責許可決定が受けられなければ「破産者」という身分・地位はそのままということになりますので、公私の資格制限は残ることになります。

しかしながら、破産者が個人再生手続の申立てをして再生計画認可決定が確定したときや、破産手続開始決定後詐欺破産罪の罪について有罪の確定判決を受けることなく一〇年を経過したときは、復権し公私の資格制限もなくなります。

なお、地方裁判所の免責不許可決定に対しては、免責不許可決定が官報で公告された後二週間以内に高等裁判所に抗告の申立てをすることができます。高等裁判所で地方裁判所の免責不許可決定を取消し、改めて免責許可決定がなされるケースもあります。

(20) 非免責債権とは

免責許可決定を得た破産者は、破産手続による配当を除き、原則としてすべての破産債権者に対する債務の全部についてその責任を免れます。

しかしながら、例外的に免責許可決定の効果が及ばない債権があります。このような債権を非免責債権といいます。

破産法が定める非免責債権は次のとおりです。

①租税等の請求権

②破産者が悪意を持って加えた不法行為に基づく損害賠償請求権

③破産者が故意または重大な過失により加えた人の生命または身体を害する不法行為に基づく損害賠償請求権

④再生債務者が養育者または扶養義務者として負担すべき費用に関する請求権

⑤雇用関係に基づいて生じた使用人の請求権および使用人の預り金返還請求権

⑥破産者が知りながら債権者名簿に記載しなかった請求権。ただし債権者が破産手続開始決定を知っていた場合は除かれる。

⑦罰金、科料、刑事訴訟費用、追徴金、過料などの請求権

(21) 免責手続中の強制執行の禁止

旧破産法下では、破産手続終了（特に同時廃止決定の確定）後免責手続中に破産債権者が強制執行できるか否かについて学説上は争いがありました。

最高裁判所が免責手続中の破産債権に基づく強制執行を認めるとともに、免責決定が確定しても強制執行によって得たものは不当利得とならない旨判示したため（一九九〇年三月二〇日

最高裁判決）、実務上は免責手続中の強制執行が認められてきました。

このため、免責手続中の破産債権者の一部が破産者の給与や家財道具などに対する強制執行を行い、破産者の経済生活の再生が妨げられるという大きな問題が生じていたのです。

実質的にはこのような問題に対処するために、少額管財事件の運用が行われている東京地方裁判所などにおいては、破産債権者による強制執行が既になされていたり、あるいは強制執行がなされるおそれがあるケースにおいては、差押解除型または差押回避型の少額管財事件の申立てを行って対処してきていました。

新破産法では、この問題を解消するため、免責手続中の個別執行が禁止されることになったのです。

すなわち、同時廃止決定（破産法二一六条一項）、異時廃止決定の確定（破産法二一七条一項）または破産手続終結の決定（破産法二二〇条一項）があったときは、免責許可の申立てについての裁判が確定するまでの間は、破産者の財産に対する破産債権に基づく強制執行・仮差押えもしくは仮処分あるいは破産債権を被担保債権とする一般の先取特権の実行もしくは留置権（商法の規定によるものを除く）による競売（以下「破産債権に基づく強制執行等」という）または破産債権に基づく国税滞納処分はすることができず、破産債権に基づく強制執行等の手続で破産者の財産に対して既にされているものは中止されることになりました（破産法二四九条一項）。

さらに、免責許可の決定が確定したときは、中止されていた破産債権に基づく強制執行等の手続は、その効力を失うことになります（同条二項）。これらの免責手続中の個別執行禁止効は、非免責債権についても及ぶことになっています。

なお、免責手続中の個別執行の禁止により権利行使の機会を失う破産債権者が不利益を被らないように、破産法二五三条一項各号の非免責債権については免責許可の申立てについての決定。それ以外の破産債権については免責許可の申立てを却下した決定または免責不許可の決定がそれぞれ確定した日の翌日から二か月を経過する日までの間は、いずれも時効は完成しないものとして保護しています（破産法二四九条三項）。

免責手続中の個別執行が禁止されたことにより、東京地方裁判所などで行われてきた差押解除型または差押回避型のための少額管財事件の申立ては、必要がなくなりました。

(22) 自己破産すると預貯金や生命保険はどうなるのか

一般的には管財事件の場合、破産手続開始決定時に持っていた一定額以上の預貯金や生命保険の解約返戻金は、破産管財人によって現金化されて、債権者へ配当されます。

同時廃止の場合、破産管財人が選任されないので、破産手続開始決定時に有していた預貯金や生命保険は、これを破産者保持し使うことができます。

東京地方裁判所の場合、残高が二〇万円以下の預貯金、見込額が二〇万円以下の生命保険解約返戻金は、破産債権者への配当にあてられず、破産者が自由に使ってよい自由財産となっています。

また、二〇万円以上の預貯金や生命保険解約返戻金がある場合でも、破産者が自由財産範囲拡張の申立てをしたときは、裁判所は破産者の生活状況などを考慮して、自由財産範囲を拡張することができることになっています。

7 債務整理に関する各手続の選択方法

(1) 個人再生か任意整理か特定調停かの選択は、どのように考えればよいか

任意整理では、債権者が給与差押えなどの強制執行をしてきた場合は、止めることができません。

特定調停では、調停期間中はクレジット・サラ金業者の給与差押えなどの強制執行を停止させる手続がありますが、もし調停が不成立になるとこの効力もなくなってしまいます。

また、任意整理や特定調停では、すべて債権者と合意が成立しないと債務整理はうまくいき

ません。

一方、個人再生では、再生手続の開始決定があれば手続中は強制執行が禁止されます。また、すべての債権者の同意を取る必要はありません。

ですから、債権者が給与差押えなどをする可能性がある場合、あるいはすでに給与を差押えられている場合は、個人再生を利用したほうがよいでしょう。

また、任意整理や特定調停はあくまでも業者との話し合いであって、強制力はありません。そのため和解案を承諾してもらえるかどうかがポイントになります。現状では、分割弁済の場合、業者の多くは、利息制限法に基づき計算した残元本のカットには応じていません。

しかし、個人再生では、利息制限法による引き直し計算後の残元本のカットも一般的に認められます。

長期の分割弁済になる場合は、個人再生を利用したほうがよいと思われます。

また、任意整理や特定調停による分割弁済案が三年を超える場合も債権者が同意しない可能性が高いので、やはり個人再生を選択したほうがよいでしょう。

(2) 小規模個人再生か給与所得者等再生かの選択はどのように考えればよいか

給与所得者等再生が利用できる人は、サラリーマンや年金生活者など給与またはこれに類する定期的収入を得る見込みのある個人で、かつ変動の幅が小さい人に限られます。したがって、定期的収入の見込みのない人、収入の変動の幅がある人は、はじめから給与所得者等再生は利用できません。

問題は、給与所得者等再生を利用できる人が、小規模個人再生を利用すべきかどうかです。給与所得者等再生では、再生計画の弁済総額に関し可処分所得要件が加わりますので、独身者や高額収入者にとっては弁済総額が過大になる可能性があります。

可処分所得要件とは、再生計画における弁済総額が「一年間あたりの手取収入額」から「最低限度の生活を維持するために必要な一年分の費用（最低生活費）」を控除した額の二倍以上であることが必要であるという要件です。

たとえば、個人再生の中で確定した基準債権が六〇〇〇万円であれば、最低弁済額要件によれば六〇〇〇万円の五分の一である一二〇〇万円以上の弁済をする必要があります。清算価値要件が一二〇〇万円を下回っていたとしても、可処分所得要件による弁済総額が二四〇〇万円であれば、給与所得者等再生においては二四〇〇万円以上を原則三年間で弁済する再生計画案でなければ認可されないということになります。

したがってこのような人は、小規模個人再生を選択したほうが弁済総額が少なくてすみます。

しかしながら、給与所得者等再生では債権者の同意は不要ですが、小規模個人再生では債権者の消極的同意（不同意が「債権者の頭数の二分の一以上」または「債権総額の二分の一超」

となないこと）が必要となります。

ですから、債権者の消極的同意が得られる見込みのある人であれば、弁済総額の少ない小規模個人再生のほうが有利といえます。

もし小規模個人再生を選択して債権者の消極的同意が得られず不成功に終わったとしても、給与所得者等再生の申立てをすることができます。

二〇〇六年一年間における個人再生申立件数は二万六一一三件であり、内訳は小規模個人再生が二万二三七九件、給与所得者等再生が三七三四件となっています。

個人再生は施行当初は、給与所得者等再生の申立件数の方が、小規模個人再生の申立件数より多かったのですが、小規模個人再生の方が弁済額が少なくてすむケースが多いことや再生計画案に対する債権者の反対もあまり出されないことがわかってきたため、このところ小規模個人再生の申立件数の方が圧倒的に多くなる傾向が続いています。

(3) 自己破産か個人再生かの選択は、どのように考えればよいか

自己破産を利用すると破産手続開始決定時に持っていた不動産などのめぼしい財産は処分されます。破産手続開始決定後は、収入の中から一切弁済する必要はなく、免責許可決定がなされれば債務はすべてゼロになります。

ただし、ギャンブルや浪費による借金などが多いと、免責不許可となる場合があります。しかし、そうした免責不許可事由があっても、裁量により免責許可になることもあり、現状では免責許可を申立てた人のうち、約九五％が免責を許可されています。

また、破産手続開始決定を受けて破産者になると、一定の職業については資格制限があります。たとえば、破産者は弁護士、公認会計士、税理士、司法書士、行政書士、公安委員会委員、公正取引委員会委員、宅地建物取引業者、証券会社外務員、商品取引所会員、貸金業者、質屋、生命保険募集者、合名会社・合資会社・合同会社の社員、代理人、後見人、後見監督人、保佐人、補助人、遺言執行者などになれません。しかし、免責許可決定が確定すると、これらの資格制限はなくなります。

一方、個人再生を利用すると、住宅などを維持しながら債務整理をすることができますし、免責不許可事由や資格制限はありません。ただし、原則として三年間は収入の中から一定額を弁済しなければなりません。

したがって、どうしても住宅を維持したい人、免責不許可事由があって免責不許可となる危険性の高い人（ただし、現状では免責許可申立てをした人の大半が免責を許可されている）、生命保険募集員（生命保険外務員）や警備員のように自己破産手続を利用すると、資格制限があり仕事を辞めなければならなくなる人などは、個人再生を選択するとよいでしょう。

それ以外の場合は、自己破産手続を選択したほうがよいと思われます。

四章

借金をめぐる諸問題

1 サラ金（消費者金融）の金利規制はどうなっているのか？

出資法の上限金利が年二〇％に引き下げられることになった

二〇〇六年一二月一三日に成立した新貸金業法（貸金業規制法、出資法、利息制限法などの改正法）では、クレジット・サラ金・商工ローンなど貸金業者の高金利が多重債務問題の大きな要因となってきたことから、金利規制が大幅に強化されています。

クレジット・サラ金・商工ローンなど貸金業者は、これまで利息制限法の制限金利（年一五〜二〇％）を超えるが刑罰が科される出資法の上限金利（年二九・二％）以下のいわゆる「グレーゾーン金利」で貸付けを行ってきました。

新貸金業法では、公布から概ね三年（二〇〇九年一二月二〇日）を目途に、貸金業規制法四三条のみなし弁済規定（グレーゾーン金利）を廃止し、刑罰が科される出資法の上限金利を年二九・二％から年二〇％に引き下げ、利息制限法の制限金利（年一五〜二〇％）を超える金利での貸付けは禁止され、違反すれば行政処分の対象とされることになりました。

また、これまで日掛け金融（日賦貸金業者）や電話担保金融に関しては、出資法における金利規制の特例として年五四・七五％の特例金利（年五四・七五％までは処罰されない）が認められていましたが、これらの特例金利も新貸金業法の公布から概ね三年後には廃止されること

貸金業者（サラ金など）の金利規制・早わかり

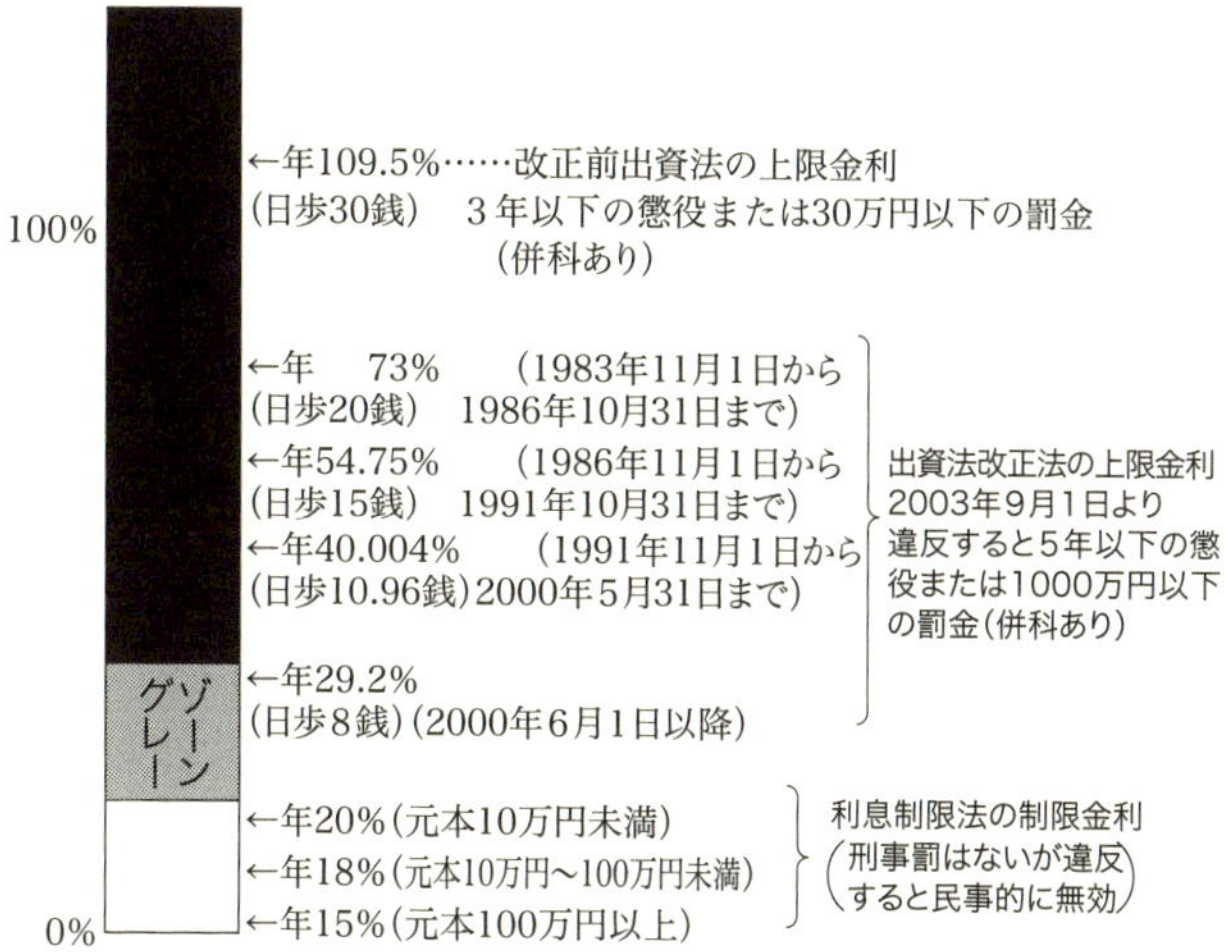

新しい金利規制の仕組み

新貸金業法の公布（2006 年 12 月 20 日）よりおおむね3年後（2009 年 12 月 20 日）を目処に出資法の上限金利（年 29.2%）を利息制限法の上限金利の水準（年 20 %）まで引き下げ、貸金業規制法 43 条の「みなし弁済」制度を廃止する（グレーゾーン金利の撤廃）。貸金業者は利息の制限金利を超える契約を禁止され、違反すれば行政処分の対象となる。

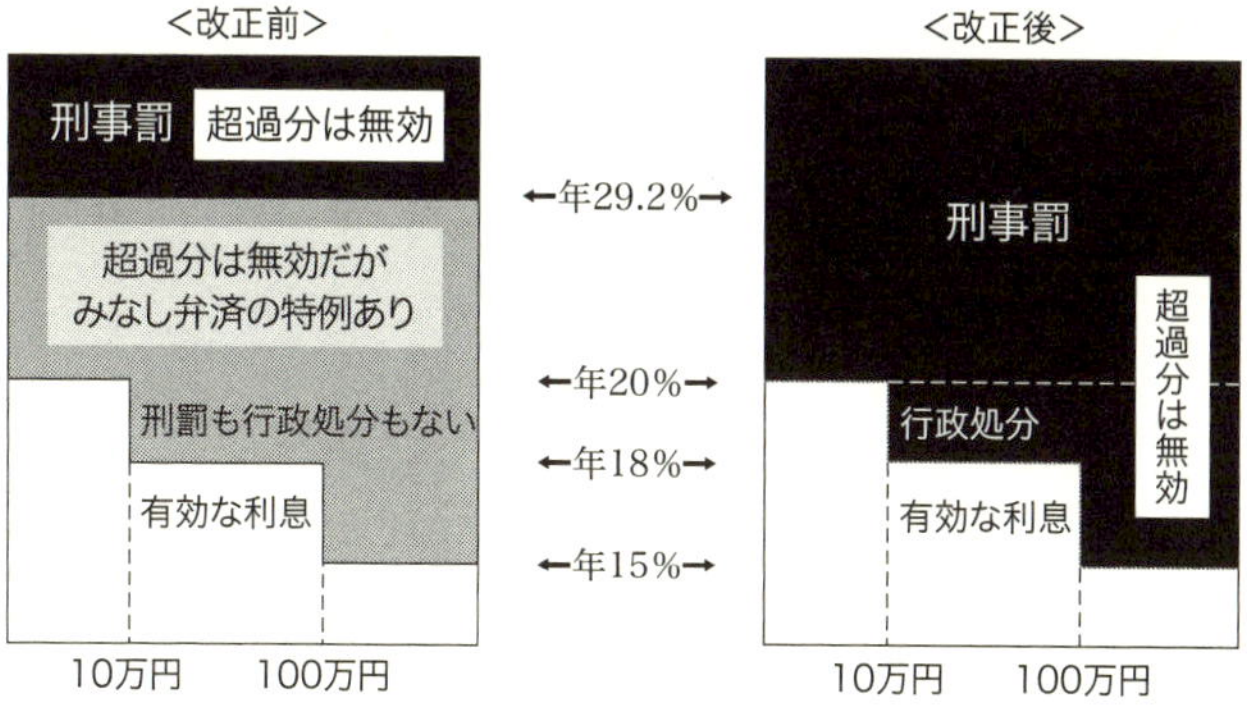

になりました。

出資法は、一九五四年五月二九日に制定された法律で、刑事罰の対象となる金利の限界を定めているのですが、一九七〇年代後半頃より大きな社会問題となったサラ金問題に対処するため、一九八三年四月二八日貸金業規制法の制定と同時に出資法の改正も行われ、同年一一月一日より施行されました。

このときの出資法改正により、それまで一〇九・五％（日賦三〇銭）であった出資法の上限金利が一九八三年一一月一日より年七三％（日賦二〇銭）、一九八六年一一月一日より五四・七五％（日賦一五銭）、一九九一年一一月一日より年四〇・〇〇四％（日賦一〇・九六銭）と順次段階的に引き下げられました。

その後、「腎臓売れ、肝臓売れ、目ん玉売れ」という暴力的・脅迫的取立てに象徴される商工ローン問題が大きな社会問題となり、一九九九年一二月一三日出資法が改正され、二〇〇〇年六月一日より出資法の上限金利が年二九・二％（日賦八銭）に引き下げられています。

そして、今回の貸金業法改正により、新貸金業法の公布から概ね三年後の二〇〇九年一二月末以降は、出資法の上限金利が年二〇％に引き下げられることになったわけです。

貸金業者が出資法の金利規制に違反すると、五年以下の懲役もしくは一〇〇〇万円以下の罰金に処せられ、またはこれらが併科されます。また、貸金業者が年一〇九・五％を超える超高金利貸付けをした場合は、一〇年以下の懲役もしくは三〇〇〇万円以下の罰金に処せられ、またはこれらが併科されます。

利息制限法の制限金利を超える部分は無効

利息制限法は、民事的効力（有効・無効）の限界となる金利を定めています。

利息制限法では、

・元本一〇万円未満の場合は年二〇%

・元本一〇万円以上一〇〇万円未満の場合は年一八%

・元本一〇〇万円以上の場合は年一五%を制限金利として、これを超過する部分については、利息契約を無効と定めています。

利息制限法に関しては、超過利息の元本充当および過払金の返還請求を認めた最高裁判例があります（一九六四年一一月一八日最高裁大法廷判決、一九六八年一一月一三日最高裁大法廷判決）。

債務不履行による賠償額の予定（遅延損害金）は、これまで制限金利の一・四六倍を超えるときは超過部分は無効と定められていましたが、今回の貸金業法の改正により新貸金業法の公布からおおむね三年後からは、営業的金銭消費貸借上の債務不履行による賠償額の予定（遅延賠償金）については、年二〇%を超えるときはその超過部分は無効となります。

また、新貸金業法の公布から概ね三年後からは、貸金業者が利息制限法の制限金利を超える金利での貸付けをすることは禁止され、違反すると行政処分の対象となりますので、貸金業者は利息制限法の制限金利を超える金利での貸付けができなくなります。

保証料も規制されることになった

今回の貸金業法の改正では、保証料に関する規制も行われています。これは貸金業者が保証業者と結託することにより、利息制限法や出資法の脱法行為を行う業者が増えてきていたからです。

今回の法改正では、貸金業者の利息と保証業者に支払う保証料を合算して利息制限法の制限金利を超える保証料部分は無効と定めています。

また。貸金業者の利息と保証業者に支払う保証料を合算して年二〇％を超える場合は、保証業者は五年以下の懲役もしくは一〇〇〇万円以下の罰金に処せられ、またはこれらが併科されます。

2 サラ金（消費者金融）の業務は法律でどのように規制されているのか

サラ金（消費者金融）の業務を規制する法律として貸金業法がある

サラ金など貸金業者の業務を規制する法律として、貸金業法があります。貸金業法は、これまで貸金業規制法と呼ばれてきた法律ですが、サラ金やクレジットカードのキャッシング、商工ローン、ヤミ金融などの貸金業者の業務を規制する法律です。

貸金業規制法は、一九七〇年代後半より社会問題となったサラ金問題に対処するため、出資法改正とともに一九八三年四月二八日に成立し、同年一一月一日から施行された法律です。

その後、「腎臓売れ、肝臓売れ、目ん玉売れ」事件に象徴された商工ローン問題を契機として、一九九九年一二月一三日、貸金業規制法と出資法、利息制限法の一部改正が行われ（改正法は二〇〇〇年六月一日より施行）、日掛け金融（日賦貸金業者）問題に対処するため二〇〇〇年五月三一日、貸金業規制法と出資法の一部改正が行われ（改正法は二〇〇一年一月一日より施行）、ヤミ金融問題に対処するため、二〇〇三年七月二五日、貸金業規制法と出資法の一部改正が行われ（改正法は二〇〇四年一月一日より全面施行）、違法年金担保に対処するため、二〇〇四年一二月一日、貸金業規制法の一部改正が行われ（改正法は同年一二月二八日より施行）てきました。

そして、深刻化してきた多重債務問題に対処するため、二〇〇六年一二月一三日、画期的な新貸金業法（貸金業規制法、出資法、利息制限法などの改正法）が成立しました。「貸金業規制法」という法律の題名も「貸金業法」に改められ、貸金業者に対する規制も大幅に強化されています。

新貸金業法の主な内容は以下のとおりです。

①開業規制

貸金業を始めるには、内閣総理大臣または都道府県知事の登録を受けなければなりません。また、三年ごとに登録の更新が必要です。無登録営業は、一〇年以下の懲役もしくは三〇〇〇万円以下の罰金（法人の場合は一億円以下の罰金）またはこれらが併科されます。

貸金業を始めるのに必要となる最低純資産額は、現在は法人は五〇〇万円、個人は三〇〇万円、日掛け金融（日賦貸金業者）は一五〇万円となっているのですが、新貸金業法の公布から概ね三年後からは、五〇〇〇万円に引き上げられます。

②貸金業務取扱主任者の設置

貸金業者は、貸金業務取扱主任者資格試験に合格し登録を受けた貸金業務取扱主任者を営業所または事務所ごとに設置することを義務づけられています。

③業務規制

債務者を保護するために、過剰貸付規制、広告規制、書面交付義務、白紙委任状取得の禁止、公正証書に関する規制、公的給付に関する預貯金通帳等の保管等の制限、生命保険契約に関する制限、勧誘行為の規制、取立行為の規制、債権譲渡に関する規制などが定められています。

新貸金業法では、過剰貸付規制に関しては、貸金業者に借り手の返済能力の調査を義務づけ、調査の結果、総借入残高が年収の三分の一を超える貸付けなど返済能力を超えた貸付けを禁止する総量規制を導入しています。この総量規制は、新貸金業法の公布から概ね三年（二〇〇九年一二月二〇日）を目途に施行されることになっています。

④指定信用情報機関制度の創設

新貸金業法は、貸金業者が借り手の総借入残高を把握できる仕組みを整備するために、信用情報の適切な管理や全件登録などの条件を満たす内閣総理大臣が監督する指定信用機関制度を創設しています。

⑤新貸金業協会の設立

新貸金業法では、これまでの貸金業協会に代わり、新しい貸金業協会が設立されることになっています。

新貸金業法では、貸金業協会を内閣総理大臣の認可を受けて貸金業者が設立する法人とし、都道府県ごとの支部設置を義務づけています。

新貸金業協会は、過剰貸付けの防止に関する事項、極度方式（リボルビング方式）基本契約における各回の最低返済額または最長返済期間に関する事項、広告の内容・方式・頻度及び害意に関する事項、勧誘に関する事項、カウンセリングに関する事項などについて業務規程を定めることになっていますが、この業務規程は内閣総理大臣の認可を受けることになっています。

⑥行政の監督権限

貸金業者に対する監督官庁は、内閣総理大臣（具体的な事務は金融庁、財務局が行っている）と都道府県知事（具体的な事務は都道府県の金融課、商工課などが行っている）であり、監督官庁には報告徴収、立入検査、業務停止、登録取消しなどの監督権限が与えられています。

新貸金業法では、規制違反に対して機動的に対応するため、業務改善命令を導入するなど監督官庁の監督権限を強化する措置がとられています。

⑦みなし弁済規定（グレーゾーン金利）の廃止と利息制限法の制限金利を超える利息契約の禁止

これまでの貸金業規制法四三条には、一定の要件を満たした場合、利息制限法の制限金利を超えて支払った利息でも有効な利息の支払いとみなす「みなし弁済規定」が置かれていましたが、この規定がサラ金など貸金業者の高金利営業の温床となってきたため、新貸金業法では、みなし弁済規定を廃止するとともに、利息制限法の制限金利を超える利息契約の締結、利息の受領・要求を禁止し、違反すると行政処分の対象になります。

みなし弁済規定の廃止と利息制限法の制限金利を超える利息契約の禁止等は、新貸金業法の公布から概ね三年（二〇〇九年一二月二〇日）を目途に施行されることになっています。

⑧高金利を定めた金銭消費貸借契約の無効

貸金業を営む者が業として行う金銭消費貸借契約で、利息が年一〇九・五％を超える契約をしたときは、金銭消費貸借契約全体が無効となると定めています。この場合、債務者は利息は一切支払う必要がなくなります。

3 サラ金の現状はどうなっているのか

サラ金大手四社で一・七兆円を超す巨額赤字

サラ金大手四社（アイフル、アコム、プロミス、武富士）の二〇〇七年三月期決算では、四社で赤字の合計が約一兆七〇〇〇億円に達しています。

最高裁判所における相次ぐ「みなし弁済規定」（グレーゾーン金利）の適用を否定する判決、新貸金業法の成立などの影響を受けて、利息制限法に基づく引き直し計算をして過払金返還請

貸金業者数の推移

	98年3月末	99年3月末	00年3月末	01年3月末	02年3月末
財務局登録業者	1,228	1,195	1,168	1,090	1,000
都道府県登録業者	30,186	29,095	28,543	27,896	26,551
合　計	31,414	30,290	29,711	28,986	27,551
	03年3月末	04年3月末	05年3月末	06年3月末	07年3月末
財務局登録業者	929	839	762	702	664
都道府県登録業者	25,352	22,869	17,243	13,534	11,168
合　計	26,281	23,708	18,005	14,236	11,832

（注）財務局・都道府県からの提出資料に基づき作成。

貸金業者の貸付残高の推移

	97年3月末	98年3月末	99年3月末	00年3月末	01年3月末
消費者向貸付残高	154,355	N.A.	163,954	174,778	188,292
事業者向貸付残高	486,860	N.A.	381,354	301,598	256,831
合　計	641,215	N.A.	545,308	476,376	445,123
	03年3月末	04年3月末	05年3月末	06年3月末	07年3月末
消費者向貸付残高	201,196	200,470	196,550	198,574	209,005
事業者向貸付残高	236,958	267,466	271,489	234,932	204,853
合　計	438,154	467,937	468,040	433,506	413,858

（注）①貸金業者から提出された業務報告書に基づき作成。②各貸付残高については、1000万円以下の単位を切り捨てている（「消費者向貸付残高」と「事業者向貸付残高」を合わせた金額は必ずしも「合計」欄の金額とは一致しない）。③98年3月末は未集計。

※本資料は金融庁が2006年6月29日に公表した「貸金業関係統計資料」を抜粋・加工したもの。

全金連加盟各地区貸金業協会別の業者数と店舗数

（2007年3月末、店舗数は6月末現在）

協会名	貸金業登録済業者数				協会員店舗数（店）	協会名	貸金業登録済業者数				協会員店舗数（店）
	財務局登録	知事登録	計	うち協会員			財務局登録	知事登録	計	うち協会員	
北海道	17	431	448	263	868	大阪府	57	1,097	1,154	553	1,422
宮城県	9	170	179	131	411	京都府	27	287	314	222	429
岩手県	6	81	87	47	222	兵庫県	11	449	460	253	690
福島県	8	86	94	61	309	奈良県	3	79	82	30	128
秋田県	6	50	56	35	166	和歌山県	4	130	134	57	149
青森県	8	105	113	71	251	滋賀県	6	89	95	64	82
山形県	9	62	71	59	182	広島県	11	204	215	142	362
東京都	247	2,770	3,017	1,020	3,070	山口県	5	138	143	105	146
神奈川県	11	344	355	270	932	岡山県	9	162	171	105	257
埼玉県	4	198	202	144	796	鳥取県	4	31	35	24	91
千葉県	9	249	258	130	675	島根県	3	19	22	16	82
山梨県	2	59	61	36	127	香川県	9	87	96	70	167
栃木県	4	80	84	48	257	愛媛県	7	161	168	87	249
茨城県	2	150	152	96	410	徳島県	5	61	66	36	110
群馬県	9	100	109	83	295	高知県	8	130	138	97	169
新潟県	9	84	93	68	303	熊本県	14	197	211	132	338
長野県	2	77	79	64	128	大分県	10	93	103	83	245
愛知県	21	397	418	206	863	鹿児島県	4	118	122	95	309
静岡県	10	221	231	139	452	宮崎県	6	98	104	35	188
三重県	7	123	130	88	257	福岡県	27	769	796	356	1,031
岐阜県	8	79	87	54	92	佐賀県	2	48	50	32	153
石川県	6	72	78	43	148	長崎県	5	180	185	128	319
福井県	3	72	75	54	148	沖縄県	5	416	421	200	356
富山県	5	65	70	52	156	合計	664	11,168	11,832	6,184	18,990

（注）各地区協会調べ、全金連集計。

求をする顧客が急増したため、顧客からの過払金返還請求に備えて引当金を大幅に積み増したことが大きな要因となっています。

このため、サラ金大手四社は、相次いで店舗の削減、人員整理を発表しています。中小のサラ金業者の中には、廃業するところもでてきています。

現在登録をしている貸金業者数は、一万一八三二業者（二〇〇七年三月末現在）となっていますが、新貸金業法が完全実施され、貸金業者にとって必要とされる最低純資産額が五〇〇〇万円に引き上げられると、登録貸金業者数は二〜三〇〇〇業者に減少することになるだろうと言われています。

営業金利は相変わらずグレーゾーン金利（年二五〜二九・二％）のところが多い

全国各地で過払金返還請求が急増し、サラ金大手四社でも赤字転落する状況となっているにもかかわらず、多くのサラ金は、いまだに年二五〜二九・二％のグレーゾーン金利で営業しています。

新貸金業法によるグレーゾーン金利の廃止、出資法の上限金利の引き下げ、利息制限法の制限金利違反の貸付けの禁止措置は、新貸金業法の公布から概ね三年（二〇〇九年一二月二〇日）を目途に実施されることになっているからです。

こうした中で、サラ金大手アコムは二〇〇七年六月一八日より、アイフルは二〇〇七年八月一日より、新規顧客に対する貸出上限金利を利息制限法の制限金利に引き下げています。
また、業界三位のプロミスと五位の三洋信販が経営統合する動きが出てきています。
新貸金業法が成立したことにより、サラ金業界は大再編時代に入りつつあります。

4 悪質な取立てにはどのような規制があるのか

貸金業法二一条一項で禁止される取立行為

取立行為規制について定めた貸金業法二一条一項は、当初は「人を威迫し又はその私生活若しくは業務の平穏を害するような言動により、その者を困惑させてはならない」というような抽象的な規定となっており、具体的な行為類型については金融庁の事務ガイドラインで掲げられていました。しかしながら、金融庁の事務ガイドラインは、法律ではないので、ガイドライン違反が直ちに貸金業法違反に直結するものではないという問題点がありました。

ヤミ金融対策法の一環として二〇〇三年七月二五日に改正された貸金業法では、法律の本文（貸金業規制法二一条一項）に具体的な取立行為を掲げて禁止しました。

このときに禁止されたのは、次に述べる取立行為です。

①正当な理由がないのに午後九時から午前八時までの間において電話をかけたりファックスを送付したり債務者等の居宅を訪問すること

②正当な理由がないのに勤務先等に電話をかけ、電話を送達し、ファックスを送付し、訪問すること

③はり紙・立看板などで債務者の借入れに関する事実を明らかにすること

④他の貸金業を営む者から借入れするなどして返済資金を調達することを要求すること

⑤債務者等以外の者に対し、債務者等に代わって債務を弁済することをみだりに要求すること

⑥債務者等が債務の処理を弁護士や弁護士法人・司法書士・司法書士法人に委託するか債務者等が法的手段をとった後に正当な理由がないのに債務者等に対し電話をかけたり電報を送達したりファックスを送付したり、訪問したりして債務の弁済を要求すること

さらに、二〇〇六年一二月一三日に成立した新貸金業法では、右に述べた禁止行為に加えて、次に述べるような取立行為が禁止されています。なお、新貸金業法における取立行為規制は、新貸金業法の公布（二〇〇六年一二月二〇日）から一年以内に施行されることになっています。

①債務者等から弁済等の時期について申し出を受けている場合において、正当な理由なく、日中に電話、訪問等による取立てを行うこと

②債務者等から退去すべき意思を示されたにもかかわらず、居宅や勤務先等から退去しないこと

③債務者等以外の者が債務者等の居宅または連絡先を知らせることその他の債権の取立てに

協力することを拒否している場合において、更に債権の取立てに協力することを要求すること

④禁止行為のいずれかを行うことを告げること

金融庁の事務ガイドラインで禁止されている取立行為

金融庁の事務ガイドラインでは、二〇〇七年六月二五日現在、取立行為規制に関し、次のようなガイドラインを定めています。

（1）貸金業法二一条一項の「威迫」に該当するかどうかは、個別の事実関係に即して判断する必要があるが、例えば、貸金業を営む者または債権の取立てについて貸金業を営む者その他の者からの委託を受けた者等が、債務者、保証人等に対し次のような言動を行う場合、「威迫」に該当するおそれが大きいとしています。

①暴力的な態度をとること

②大声をあげたり、乱暴な言葉を使ったりすること

③多人数で債務者、保証人等の居宅に押し掛けること

④保険金による債務の弁済を強要または示唆するような言動を行うこと

（2）貸金業法二一条一項各号の規定は、「人の生活若しくは業務の平穏を害するような言動」の例示であり、取立行為が同項に該当するかどうかは、当該規定に例示されているも

の以外のものを含め、個別の事実関係に即して判断する必要があり、当該規定に定める事例のほか、例えば、次のような事例は、「人の生活若しくは業務の平穏を害するような言動」に該当するおそれが大きいとしています。

①反復継続して、電話をかけ、電報を送達し、電子メールを送信し、もしくはファクシミリ装置を用いて送信し、または債務者、保証人等の居宅を訪問すること。

②債務者、保証人等の居宅を訪問し、債務者、保証人等から退去を求められたにも関わらず、長時間居座ること。

③債務者または保証人（以下「債務者等」という。）以外の者に取立てへの協力を要求した際に、協力に応ずる意思のない旨の回答があったにも関わらず、さらに当該債務者等以外の者に対し、取立てへの協力を要求すること。

規制対象

登録貸金業者はもちろんのこと、ヤミ金融業者のような無登録業者も対象となっています。また、債権譲受人などの規制対象となっています。

違反するとどのような処罰がなされるか

貸金業法二一条一項の取立行為規制に違反すると二年以下の懲役もしくは三〇〇万円以下の

罰金に処せられ、またはこれらが併科され、業務停止や登録取消しなどの行政処分の対象にもなります

違反業者に対しては刑事告訴等で対抗

したがって、債務者や保証人、その家族などが、サラ金業者やヤミ金融業者などから前述したような悪質な取立てを受けた場合は、直ちに貸金業法違反で警察や検察庁に対し刑事告訴するとともに、監督行政庁に対し行政処分を求める申立てを行うことによって業者の悪質な取立て行為に対抗することができます。

5 どんな場合に貸金業者は行政処分を受けるのか

登録取消し、業務の全部または一部の停止

これまでの貸金業規制法では、登録取消しになる事由と業務停止になる事由が分けられていましたが、新貸金業法では、登録取消しになる事由と業務停止になる事由は分けられていません。

次のような事由があった場合は、監督官庁（金融庁財務局または都道府県知事）は、貸金業者に対し、登録を取消しまたは一年以内の期間を定めて業務の全部または一部の停止を命ずる

ことができます。

①貸金業務取扱主任者を設置していなかったり、貸金業者に必要とされる最低純資産額を下回ったとき

②貸金業者の業務に関し法令または法令に基づく内閣総理大臣もしくは都道府県知事の処分に違反したとき

③貸金業法が定める「取立制限者」（暴力団員など悪質な取立てをするおそれがある者）であることを知りながら、債権譲渡したとき

④「取立制限者」に対し、債権譲渡した場合、譲渡の相手方が「取立制限者」であることを知らなかったことについて相当の理由があることを証明できなかったとき。再譲受人が「取立制限者」であった場合、「取立制限者」が再譲受人となることを知らなかったことについて相当の理由があることを証明できなかったとき

⑤債権の譲受人、または再譲受人となった取立制限者が、当該債権の取立てに当たり、貸金業法の取立行為規制に違反したり、刑法または暴力行為等処罰に関する法律の罪を犯したとき

⑥保証業者が「取立制限者」であることを知りながら保証契約を締結したとき

⑦保証業者と保証契約を締結した場合において、保証業者が「取立制限者」であることを知らなかったことについて相当の理由があることを証明できなかったとき、または保証契約

の締結後「取立制限者」が当該保証業に関する求償権等の債権譲渡等を受けることを知らなかったことについて相当の理由があることを証明できなかったとき

⑧保証契約の締結を行った「取立制限者」または当該保証等に係る求償権等の債権譲渡等を受けた「取立制限者」が当該保証に関係する求償権等の取立てに当たり、貸金業法の取立行為規制に違反したり、刑法または暴力行為等処罰に関する法律の罪を犯したとき

⑨債務の弁済を他人に委託した場合において、当該弁済の委託に当たりその相手方が「取立制限者」であることを知らなかったことについて相当の理由があることを証明できなかったとき、または当該弁済の委託後「取立制限者」が当該弁済に係る求償権等の債権譲渡等を受けることについて相当の理由があることを証明できなかったとき

⑩当該受託弁済に関する求償権等を取得した「取立制限者」または当該受託弁済に係る求償権等の取得後当該受託弁済に係る求償権等の債権譲渡等を受けた「取立制限者」が、当該受託弁済に関係する求償権等の取立てをするに当たり、貸金業法の取立行為規制に違反したり、刑法または暴力行為等処罰に関する法律の罪を犯したとき

⑪債権譲渡等を受けた者が、貸金業者と政令で定める密接な関係を有する場合において、当該債権譲渡等を受けた者が、当該債権を取立てをするに当たり、貸金業法の取立行為規制に違反したり、刑法または暴力行為等処罰に関する法律の罪を犯したときであって、このような行為を行わないように当該貸金業者が相当の注意を払ったことを証明できなかった

とき

⑫保証等に係る求償権等を取得した保証業者が当該貸金業者と政令で定める密接な関係を有する場合において、当該保証業者が、当該保証等に係る求償権等の取立てをするに当たり、貸金業法の取立行為規制に違反したり、刑法または暴力行為等処罰に関する法律の罪を犯したときであって、このような行為を行わないように当該貸金業者が相当の注意を払ったことを証明できなかったとき

⑬受託弁済に係る求償権等を取得した受託弁済者が当該貸金業者と政令で定める密接な関係を有する場合において、当該受託弁済者が、当該受託弁済に係る求償権等の取立てをするに当たり、貸金業法の取立行為規制に違反したり、刑法または暴力行為等処罰に関する法律の罪を犯したときであって、このような行為を行わないように当該貸金業者が相当の注意を払ったことを証明できなかったとき

業務改善命令の新設

新貸金業法は、貸金業者の法令違反行為に機動的に対処するため、これまでの登録取消しや業務停止に加えて、業務改善命令を新設しています。

すなわち、内閣総理大臣または都道府県知事は、貸金業者の業務の運営に関し、資金需要者等の利益の保護を図るため必要があると認めるときは、貸金業者に対して、その必要の限度に

おいて、業務の方法の変更その他業務の運営の改善に必要な措置を命ずることができることになっています。

役員の解任命令の新設

新貸金業法は、貸金業者の取締役等の役員が、貸金業の業務に関して貸金業法やその他の法令に違反した場合は、貸金業者に対しその役員の解任を命ずる制度を新設しています。

施行時期

新貸金業法の行政処分制度は、新貸金業法の公布（二〇〇六年一二月二〇日）から一年以内に施行されることになっています。

6　どんな場合に貸金業者は処罰されるのか

貸金業法の規定に違反した貸金業者に対しては、行政処分に止まらず刑罰が科される場合があります。

処罰が科される主な場合を紹介します。

一〇年以下の懲役もしくは三〇〇〇万円以下の罰金に処せられ、またはこれらが併科される場合

①不正手段により登録を受けた者
②登録を受けないで貸金業を営んだ者
③貸金業の名義貸しをした者

五年以下の懲役もしくは一〇〇〇万円以下の罰金に処せられ、またはこれらが併科される場合

業務停止の命令に違反して業務を営んだ者

二年以下の懲役もしくは三〇〇万円以下の罰金に処せられ、またはこれらが併科される場合

①登録申請書に虚偽の記載をして提出した者
②貸金業の登録を受けない者が、貸金業を営む旨の表示または広告をしたり、貸付けの契約締結の勧誘をすること
③貸金業者が貸金業者登録簿に登録された営業所または事務所以外の営業所または事務所を設置して貸金業を営むこと
④取立行為規制に違反した者
⑤内閣総理大臣が法令違反等を理由として貸金業協会の認可の取消し、業務の停止などを命

じた場合において、この命令に違反した者
⑥返済能力等調査以外の目的のために加入指定信用情報機関に信用情報の提供を依頼し、または加入指定信用情報機関から提供を受けた信用情報を返済能力等調査以外の目的に使用し、もしくは第三者に提供した者
⑦貸金業者またはその役員もしくは職員が、貸金業者を廃業後、または役員、職員を退職後、加入指定信用情報機関から受けた信用情報を使用したり第三者に提供した者

一年以下の懲役もしくは三〇〇万円以下の罰金に処せられ、またはこれらが併科される場合

①暴力団員等を業務に従事させたり業務の補助者として使用した者
②貸金業の業務に関し資金需用者等に対し、虚偽のことを告げた者
③貸付けの契約の相手方または相手方となろうとする者の死亡によって保険金の支払を受ける保険契約を締結する場合において、自殺による死亡を保険事故とする保険契約を締結した者
④指定信用情報機関が保有する信用情報を使用しないで個人である顧客等と貸付けの契約を締結した者
⑤貸付けの条件の広告をするときまたは契約締結の勧誘をするときのおいて、貸金業法の定める事項を表示せず、もしくは説明せず、または虚偽の表示もしくは説明をした者

⑥貸金業の業務に関して広告または勧誘をするとき、貸付けの利率その他貸付けの条件について、著しく事実に相違する表示もしくは説明をし、または人を誤認させるような表示もしくは説明をした者
⑦契約締結前に、貸金業法が定める書面を交付せず、または貸金業法が定める事項を記載しない書面もしくは虚偽の記載をした書面を交付した者
⑧契約締結時において貸金業法が定める契約書面を交付せず、弁済を受けたとき貸金業法が定める受取証書を交付せず、または貸金業法が定める事項を記載しない契約書面もしくは虚偽の記載をした契約書面、受取証書を交付した者
⑨公正証書作成の委任状を取得した者
⑩公的給付に関する預金通帳等の引渡しもしくは提供を求め、またはこれらを保管した者
⑪暴力団員等の「取立制限者」であることを知りながら債権譲渡した者
⑫暴力団員等の「取立制限者」であることを知りながら保証契約を締結した者
⑬暴力団員等の「取立制限者」であることを知りながら債務の弁済を委託した者
⑭業務改善命令に違反した者
⑮事業報告書を提出せず、または虚偽を記載した事業報告書を提出した者
⑯監督官庁（内閣総理大臣または都道府県知事）の報告徴収や立入検査に際し、報告や資料の提出をしなかったり、虚偽の報告や資料の提出をしたり、検査を拒んだり妨害などをし

た者

⑰貸金業協会の会員でない貸金業者が、監督官庁（内閣総理大臣または都道府県知事）より社内規則の作成または変更を命じられても三〇〇日以内に社内規則の作成もしくは変更をせず、または監督官庁の承認を受けずに承認を受けた社内規則を変更、廃止した者

⑱貸金業協会の認可申請書に虚偽を記載して提出した者

⑲加入貸金業者で指定信用情報機関に個人信用情報を提供しなかった者

⑳加入貸金業者で資金需要者等から指定信用情報機関への信用情報提供等に関する同意を取得しなかった者

㉑取立てを行う者に対する警察職員による質問に答弁せず、または虚偽の答弁をした者

法人の場合は代表者も処罰される

株式会社などの法人の代表者、管理人代理人、使用人、その他の従業者が、法人の業務に関して、これらの違反行為を行ったときは、行為者が処罰されるほか、法人に対しても貸金業法の定める罰金刑が科されます。

また、出資法改正法の金利規制に違反した者に対しては、五年以下の懲役もしくは一〇〇〇万円以下の罰金に処せられ、またはこれらが併科される（年一〇九・五％を超える超高金利貸付けについては一〇年以下の懲役もしくは三〇〇〇万円以下の罰金に処せられ、またはこれら

が併科される）ことはすでに述べたとおりです。利用者は、これらの違反事由を発見したときは、直ちに、警察・検察庁などの捜査当局に対し当該違反行為を刑事告訴・告発して処罰を求めることができます。

7 借金の保証人と連帯保証人

保証人になったために自己破産

現在破産手続開始申立てをしている人のうち一〇人に一人は、自分の借金が原因ではなく、他人の借金の保証人や連帯保証人になったことが原因となっています。

親しい友人や親族から「絶対に迷惑をかけないので保証人になってほしい」と懇願されると、つい情にほだされて安易に保証人を引き受けてしまう人が多いのがわが国の実情です。

しかしながら、もし借金をした友人や親族が、借金を支払わなかったり自己破産申立てをした場合には、保証人や連帯保証人が、その友人や親族に代わって借金を支払わなければならなくなります。

連帯保証人のほうが責任は重い

保証人の場合、お金を貸した人（債権者）からいきなり「貸した金を返せ」といわれたときは、債権者に対し、「まず先にお金を借りた本人（主たる債務者）に請求をしてください」という権利があります。これを「催告の抗弁権」といいます。

また、債権者が主たる債務者に請求したが債務者が弁済しないので保証人に請求してきた場合でも、「債務者には弁済の資力があり強制執行も用意であること」を証明すれば、まず債務者の財産に対し強制執行するよう求めることができます。これを「検索の抗弁権」といいます。

しかしながら、連帯保証人には保証人のような催告の抗弁権や検索の抗弁権がありません。つまり、連帯保証人は、単純な保証人より重い責任を負うことになります。

サラ金や商工ローンなどの金銭消費貸借契約における保証契約は、ほとんどが連帯保証契約となっています。

安易に保証人になってはいけない！

保証人や連帯保証人がお金を借りた本人（主たる債務者）に代わって借金を支払った場合は、主たる債務者に対して代わりに支払った借金の返済を請求することができます。これを「求償権」といいます。

けれども、サラ金や商工ローンから借金をしている人は、もともと経済的余裕のない人が多いため、保証人や連帯保証人が求償権を行使しても、返済してもらえる可能性は少ないでしょう。

したがって、借金を申し込んだ人が保証人を要求されるケースは、借金を申し込んだ人がすでに多額の借金を抱えている場合など経済状態が悪化している場合が大半です。

親しい友人や親族から借金の保証人や連帯保証人を頼まれた場合は、安易に引き受けるのではなく、具体的な事情をよく聞いた上で、弁護士会や司法書士会などの適切な相談窓口で相談してみるようアドバイスしてあげた方が、相手のためになることが多いと思われます。

8 夫婦・親子の借金の支払義務

離婚するしないは関係ない

保証人や連帯保証人になっていない限り、原則として妻（夫）の借金を夫（妻）が支払う義務はありません。

妻（夫）がサラ金から借金をする際、夫（妻）は保証人として責任を負いません。

よく、「離婚して籍を抜けば妻（夫）の借金の支払義務はなくなりますか」というような相談を受けることがありますが、妻（夫）の借金の保証人や連帯保証人になっていなければ、離婚するしないにかかわらず夫（妻）には支払義務はありませんし、逆に保証人や連帯保証人になっているのであれば、たとえ離婚したとしても、保証人、連帯保証人としての責任は残ります。

子どもの借金を親が支払う義務はない

保証人や連帯保証人になっていない限り、親が子どもの借金を支払う義務はありませんし、子どもが親の借金を支払う義務もありません。

子どもがサラ金から借金をする際、契約書の保証人欄に勝手に親の氏名を記入し押印したとしても、親は保証人としての責任を負いません。同様に、親がサラ金から借金する際、契約書の保証人欄に勝手に子どもの氏名を記入し押印したとしても、子どもは保証人としての責任は負いません。

また、子どもが未成年者の場合、両親の同意のない子どもの借金の契約は取消すことができることになっています。

支払い義務がないにもかかわらず、サラ金がしつこく取立てに来るようなら、貸金業法違反を理由として刑事告訴や行政処分の申立てを行いましょう。

9　借金の時効

貸主が個人なら一〇年、会社なら五年

借金にも時効があります。

もしあなたが個人から借金している場合は一〇年、会社から借金している場合は五年で消滅時効が成立します。

たとえば、あるサラ金会社から借金している場合、返済期限が過ぎて五年以上の間、そのサラ金会社に対して一円も返済していなければ消滅時効が成立し、借金を返す必要がなくなります。

消滅時効完成後は一円たりとも払ってはいけない

しかしながら、消滅時効完成後であっても、サラ金業者へ一円でも支払えば、そこで消滅時効は主張できなくなり、その翌日から新たに消滅時効が進行することになります。

つまり、債務者が借金の消滅時効を主張するためには、サラ金業者からどんなに過酷な督促、取立てを受けても、消滅時効完成後は一円たりとも支払ってはならないのです。

また、消滅時効完成後にサラ金業者から訴訟提起された場合は、消滅時効が完成しているからといって安心していてはだめで、必ず裁判所に出頭して自ら消滅時効の主張をしなければなりません。

借金を相続しない方法もある

相続は、プラスの財産ばかりではありません。借金があれば、それも相続することになっています。

夫（父親）がクレジット・サラ金業者などから多額の借金を抱えていても、夫（父親）の生存中は妻や子どもは、保証人や連帯保証人になってさえいなければ夫（父親）の借金を支払う義務はありません。

しかし、夫（父親）が死亡した場合は、保証人や連帯保証人になっているか否かにかかわらず、妻や子どもは夫（父親）の借金を相続することになります。

もし、夫（父親）が多額の借金を抱えて死亡し、他に財産もない場合、妻や子どもは、相続の開始があったことを知ったとき、または借金があったことを知ったときから三か月以内に家庭裁判所に対し相続放棄の申述をすれば、夫の借金の支払い義務を免れることができます。

ただし、妻や子どもが保証人や連帯保証人になっている場合は、相続を放棄したとしても保証人や連帯保証人としての責任は残ります。

借金だけを相続放棄することはできない

注意しなければならないのは、プラスの財産を相続して、借金だけを相続放棄することはできないということです。相続放棄する場合は、すべての財産を相続しないことになります。

プラスの財産と借金のどちらが多いかわからない場合は、プラスの財産の範囲内でのみ借金も相続するという限定承認という方法もあります。

なお、夫（父親）が生存中、自己破産申立てをして免責許可決定を受けていれば、借金はなくなっているので、借金の相続ということはあり得ません。ですから、その場合は、妻や子どもは、家庭裁判所に対し相続放棄申述の手続をとる必要もないわけです。

11 多重債務者に陥らないための注意点

サラ金やクレジットを利用して返済困難に陥る多重債務者や多重債務者の自己破産が増加していることは、第一章で指摘したとおりです。多重債務者や自己破産者をターゲットとして超高金利による貸付けを行い暴力的・脅迫的取立てを繰り返すヤミ金融による被害も多発していること、借金苦による自殺や夜逃げ、犯罪なども多発していることも第一章で指摘したとおりです。

サラ金やクレジットが氾濫する現在のわが国社会で多重債務者に陥らないためには、次に述べるようなことに注意する必要があります。

(1) 年利二〇%を超えるサラ金やクレジットカードのキャッシングは利用しない

高金利のサラ金やクレジットカードのキャッシングの「計画的利用」はあり得ない

現在銀行の普通預金金利は年〇・二%であり、一〇〇万円を普通預金で一年間銀行に預けていても一年間の金利はわずか二〇〇〇円という超低金利です。

年二〇%と言えば、銀行の普通預金金利の一〇〇倍という高金利です。

ところで、現在のわが国のサラ金は、銀行系の三菱キャッシュワン・モビット・アットローン、サラ金大手のアコム、アイフルなどを除き、武富士・プロミス・レイクなどのサラ金大手も含めてほとんどのサラ金は年二五～二九・二%の高金利で営業しています。また、わが国で発行されている信販系・流通系のクレジットカードのキャッシングの金利もサラ金とほぼ同じ位の高金利となっています。銀行系のクレジットカードに関しては、リボルビング返済方式のカードローンの金利は年一八%位ですが、翌月一回払い方式のキャッシングの金利は年二七・八%位となっています。

年利二〇%を超えるサラ金やクレジットカードのキャッシングを利用するなということは、現在わが国社会で氾濫しているサラ金やクレジットカードのキャッシングは利用してはいけないということです。

テレビのサラ金ＣＭでは、ＣＭの最後に申し訳程度に「ご利用は計画的に」という言葉が流されていますが、年利二〇％を超える高金利のサラ金の計画的利用などは考えられません。長年多重債務者の相談に当たってきた私の経験によれば、年利二〇％を超える高金利のサラ金やクレジットカードのキャッシングを利用し続ければ、誰もが「計画的に」多重債務者に陥ります。

(2) やむを得ずサラ金やクレジットカードのキャッシングを利用せざるを得ないときは、できる限り短期間に完済してしまう

高金利のサラ金やクレジットカードのキャッシングは、絶対に利用してはいけないということは前述したとおりです。どうしてもお金が必要になったときは、まず家族や友人に相談することが大切です。また、自治体窓口などにおける低利融資制度を利用できないかどうかも検討して見ることが大切です。

家族や友人に相談しても援助が受けられず、また自治体の低利融資制度なども利用できず、やむを得ずサラ金やクレジットカードのキャッシングを利用せざるを得ないときは、できる限り短期間に完済してしまうことが大切です。

ところがサラ金やクレジットカード会社は、長期間利用してもらえばもらうほど利息収入が

増えて利益が上がりますので、利用者が借金を返済しに来ても、窓口では、「お客さま、お利息だけで結構です。」と答えて、元本は受け取らない傾向にあります。利用者が、それを「親切」だと勘違いして元本を利用し続けている間に、会社の倒産・リストラ・減給・病気などの理由で返済困難に陥った場合、今度は厳しい取立てを受けて多重債務者に陥ることになります。

したがって、サラ金やクレジットカードのキャッシングによる借金は、できる限り短期間に完済してしまい、後はもう絶対に利用しないということが多重債務者に陥らないために重要なことなのです。

(3) 返済が困難になったら借金返済のための借金すなわち自転車操業はしないで、すぐに弁護士会や司法書士会、日本司法支援センター（愛称・法テラス）などの相談窓口で相談する

自分の収入の範囲内ではサラ金やクレジットの借金の返済ができなくなり、借金返済のためにサラ金やクレジットカードのキャッシングによる借金を始めることが多重債務者に陥る第一歩となります。

したがって、自分の収入の範囲内でサラ金やクレジットの借金を返済できなくなったら、すぐに弁護士会や司法書士会などの相談窓口で相談することが大切です。

どの都道府県にも弁護士会や司法書士会があり、最近ではどの弁護士会や司法書士会でもサラ金・クレジット・商工ローン・ヤミ金融など多重債務問題に関する相談窓口を設置しています。また、経済的余裕のない多重債務者に対し弁護士費用や司法書士費用の立て替えを行っている日本司法支援センター（法テラス）の相談窓口も各都道府県に設置されています。

(4) 紹介屋・買取屋・整理屋・提携弁護士・提携司法書士の甘い宣伝文句にはだまされない

借金の返済に追われる多重債務者に陥ったときは、多重債務者を狙い食い物にしている紹介屋・買取屋・整理屋などの悪質業者や紹介屋・整理屋などと提携している悪質弁護士・悪質司法書士の被害に会わないよう気をつけねばなりません。

特に最近は、実態は紹介屋・整理屋であるＮＰＯ法人や提携弁護士・提携司法書士の広告が、ＪＲ・私鉄・地下鉄・新聞・折込広告・雑誌・インターネットなどに氾濫しているので十分注意が必要です。

知り合いの弁護士や司法書士がいない多重債務者は、弁護士会や司法書士会の相談窓口で相談した上で、弁護士や司法書士を紹介してもらった方が安全です。弁護士会や司法書士会の相談窓口では、一般的には提携弁護士や提携司法書士は相談担当者から排除されているからです。

⑸ 返済困難に陥ってもヤミ金融は絶対に利用しない

出資法違反の超高金利で貸付けを行うヤミ金融は、返済困難に陥っている多重債務者をターゲットとしているので、絶対に利用しないようにしなければなりません。

ヤミ金融は、ダイレクトメールやＦＡＸ・電話などで融資勧誘を行っています。頼みもしないのに一方的にダイレクトメールやＦＡＸ・電話などで融資勧誘をしてくる業者はヤミ金融業者であり、絶対に利用しないようにしなければなりません。

また、新聞の折込広告やスポーツ新聞・夕刊紙などで宣伝している貸金業登録の更新番号が「⑴」の貸金業者もヤミ金融業者や悪質業者が多いので、利用しない方が賢明です。

さらに、電話やガードレールなどで「即日融資」「来店不要」「テレフォンキャッシング」などと宣伝して連絡先として携帯電話の番号しか記載していない業者は、ヤミ金融の一種「〇九〇金融」なので絶対に手を出さないようにしなければなりません。

いずれにしても、サラ金やクレジットの借金を抱えて返済困難に陥っている人は、ヤミ金融に手を出すのではなく、前述したとおり最寄りの弁護士会や司法書士会、日本司法支援センター（法テラス）などの相談窓口で早急に相談することが大切です。

⑹ 安易に保証人とならない

日本弁護士連合会消費者問題対策委員会による二〇〇五年破産事件記録調査によると、破産原因の九・九二％は「保証債務・第三者の債務の肩代わり」となっています。

つまり、現在破産申立てをしている人の一〇人に一人は、自分の借金が原因ではなく、他人の借金の保証人や連帯保証人となったことなどが原因となって破産申立てをしていることになります。

親しい友人や親族から「絶対に迷惑をかけないので保証人になってほしい」と懇願されると、なかなかはっきりと断りにくいのが日本人の国民性のようです。

しかしながら、もしお金を借りた友人や親族が、借金を支払わなかったり、自己破産申立てをしたような場合には、保証人や連帯保証人は、お金を借りた友人や親族に代わって借金を支払わなければならなくなります。

一般的にいって、借金を申し込んで保証人を要求される場合は、借金を申し込んだ人が既に多額の借金を抱えていてかなり経済状態が悪化している場合が大半です。

親しい友人や親族から借金の保証人や連帯保証人になることを頼まれた場合は、安易に保証人や連帯保証人を引き受けるのではなく、具体的な事情をよく聞いた上で弁護士会や司法書士会などの適切な相談窓口で相談してみるようアドバイスしてあげた方が、友人や親族のためになることが多いと思われます。

12 多重債務問題の相談窓口

借金問題はだれに相談すればいいのか？

クレジット・サラ金・商工ローン・ヤミ金融などから多額の借金を抱えて困っている人は、次のようなところに相談するといいでしょう。

どんなに多額の借金を抱えていても解決できない問題はありません。ですから、とにかく早く相談することが大切です。

(1) 弁護士会

クレジット・サラ金・商工ローン・ヤミ金融などから多額の借金を抱えて自転車操業を余儀なくされている人は、弁護士に債務整理を依頼して介入通知を出してもらえば、督促や取立が止まるので、もう自転車操業をしなくてもよくなります。

弁護士は、任意整理、特定調停、個人再生、自己破産などの方法により債務整理を行っています。

わが国には、全国で五二の弁護士会があり、都道府県には少なくとも一つずつの弁護士会があります（東京都には三つ、北海道には四つの弁護士会があります）。

弁護士会の法律相談センターでは、借金問題・多重債務問題に関する相談を行うとともに、債務整理を行う弁護士の紹介も行っています。

弁護士会の法律相談センターの相談料は大体三〇分五〇〇〇円（消費税別途）ですが、このところ多重債務問題に関する相談については、相談料を無料にしている弁護士会が増えています。

弁護士に債務整理事件を依頼する場合の弁護士費用については各弁護士会で基準を定めています。弁護士会が定めている弁護士費用基準は、多くの場合、多重債務者を救済するという観点から通常の弁護士費用より低額に定められています。

(2) 司法書士会

このところ、クレジット・サラ金事件や多重債務事件を取り扱う司法書士が増えています。

全国で五〇の司法書士会があり、各都道府県に少なくとも一つずつ司法書士会があります（ただし北海道には四つの司法書士会があります）。

(3) 日本司法支援センター（愛称・法テラス）

日本司法支援センター（法テラス）における相談は無料です。さらに、経済的余裕のない人に対して弁護士や司法書士の費用の立て替えも行っています。立て替えてもらった費用は、毎月少額ずつ分割して日本司法支援センターに返済していくことになります。

各都道府県には、日本司法支援センターの地方事務所が設置されています。

(4) 全国クレジット・サラ金被害者連絡協議会に所属する被害者の会

全国クレジット・サラ金被害者連絡協議会（略称「被連協」）は、一九八二年に結成された被害者団体で、一九七八年に学者、弁護士、司法書士、消費者団体、被害者の会などが参加して結成された全国クレジット・サラ金問題対策協議会（略称「クレ・サラ対協」）とともに、クレジット・サラ金被害者の救済活動やサラ金規制法の制定、消費者のための破産法改正、出資法の上限金利の引き下げ、ヤミ金融対策法の制定、サラ金のテレビCMの中止などを求める運動を行っている団体です。

現在被連協に加盟する「被害者の会」は、四〇都道府県八五団体（二〇〇七年八月二〇日現在）となっています。

被害者の会では、多重債務者本人が特定調停申立て、個人再生申立て、自己破産申立てなどをする場合のアドバイスやバックアップを行ったり、生活を立て直していくためのアドバイスなどを無料で行っています。また、弁護士会などの相談窓口の紹介も行っています。なお、このところ、被害者の会とよく似た名称を使用する紹介屋、整理屋が急増しているので注意が必要です

(5) 裁判所

自分で特定調停申立てや個人再生申立て、自己破産申立てをしたくとも、手続がよくわからないという人は、裁判所の窓口で相談するとよいでしょう。

特定調停申立てに関しては簡易裁判所の窓口で、個人再生申立てや自己破産申立てに関しては地方裁判所の窓口で相談するとアドバイスをしてもらえます。

(6) 都道府県市区町村の相談窓口

全国の都道府県市区町村などでも、弁護士などが相談員となって、金銭トラブルに関する無

料の法律相談を行っていますので、債務整理に関するアドバイスをしてもらえます。

また、都道府県などが運営している消費センターの相談窓口でも、多重債務問題に関する相談を行っています。

あとがき

二〇〇七年七月二〇日、大阪市東淀川区で、借金苦が原因と思われる一家四人の無理心中事件が発生しています。

亡くなったのは、夫（三四才）、妻（三四才）、長男（五才）、長女（二才）の四人であり、妻は妊娠八か月だったということです。

夫の携帯電話には、「ごはんを食べていけない。妻と相談して死ぬことにしました」「子どもたちに申し訳ない」というメールが残されていたということです。夫は、事業資金などで数百万円の借金があったということであり、自宅からはサラ金（消費者金融）の明細書が見つかったということです。

もし、この一家が早目に弁護士会や司法書士会などで借金の相談をしていたら、四人は死ぬことはなかったのに、そして五才の長男や二才の長女の命も助けることができたのにと、考えると、本当に残念でなりません。

どんなに多額の借金を抱えていても、必ず解決できます。たかが借金で死ぬことはないのです。

借金の解決方法としては、任意整理、特定調停、個人再生、自己破産の四つの方法があります。

自分の収入と比較してそれほど借金が多額でない場合は、弁護士や司法書士に依頼して、任意整理により借金を整理をするか、自分で簡易裁判所に特定調停の申立てをして借金を整理することができます。任意整理や特定調停では、利息制限法に基づいて計算し直して残りの借金額を確定させ、収入の範囲内で一括弁済または分割弁済による和解交渉を行って借金を返していきます。

サラ金やクレジットカードによるキャッシングの大半は、利息制限法の制限金利を大幅に上回る金利となっているので、利息制限法に基づいて引き直し計算をすると借金額を大幅に減らすことができ、取引期間が長い場合は、過払金の返還請求ができる場合があります。

利息制限法に基づき計算し直しても残った借金が多額な場合は、地方裁判所に個人再生の申立てをして、認可された再生計画案に基づき再生計画案通り弁済すれば、借金の一部が免除されます。

任意整理・特定調停・個人再生による債務整理の場合も困難なほど多額の債務を抱えていたり、安定した収入がない場合は、自己破産申立てをして免責許可決定を受ければ、借金を免除され多重債務の重荷から解放されます。

このように、借金を整理するにはいろいろな方法があり、解決できない借金問題はありません。

本書は、昨年成立した新貸金業法の概要、借金問題の解決方法、借金をめぐる諸問題、借金問題の相談窓口などについてできるだけわかりやすく解説したものです。

現在、借金・多重債務を抱えて苦しんでいる人々や消費生活センターの相談員の方々、多重債務者の相談にのっている自治体職員の方々、多重債務者の支援活動を行っている方々に、本書が広く活用されることを祈念致します。

二〇〇七年一〇月二二日

弁護士　宇都宮　健児

資料編

弁護士会の相談窓口

弁護士会名	住所	電話番号
東京	千代田区霞が関 1-1-3	四谷法律相談センター 03-5214-5152 神田法律相談センター 03-5289-8850 錦糸町法律相談センター 03-5625-7336 （予約電話）
第一東京	千代田区霞が関 1-1-3	
第二東京	千代田区霞が関 1-1-3	
横浜	横浜市中区日本大通 9	045-201-1881（案内）
埼玉	さいたま市浦和区高砂 4-7-20	048-863-5255
千葉県	千葉市中央区中央 4-13-12	043-227-8431
茨城県	水戸市大町 2-2-75	029-221-3501
栃木県	宇都宮市小幡 2-7-13	028-622-2008
群馬	前橋市大手町 3-6-6	027-233-4804
静岡県	静岡市追手町 10-80	054-252-0008
山梨県	甲府市中央 1-8-7	055-235-7202
長野県	長野市妻科 432	026-232-2104
新潟県	新潟市学校町通一番町 1	025-222-3765
大阪	大阪市北区西天満 1-12-5	06-6364-0251（案内）
京都	京都市中京区富小路通丸太町下ル	075-231-2335
兵庫県	神戸市中央区橘通 1-4-3	078-341-7061
奈良	奈良市登大路町 5	0742-22-2035
滋賀	大津市梅林 1-3-3	077-522-2013
和歌山	和歌山市四番丁 5	073-422-4580
愛知県	名古屋市中区三の丸 1-4-2	052-203-1651
三重	津市中央 3-23	059-228-2232
岐阜県	岐阜市端詰町 22	058-265-0020
福井	福井市宝永 4-3-1 三井生命ビル 7 階	0776-23-5255
金沢	金沢市丸の内 7-2	076-221-0242
富山県	富山市長柄町 3-4-1	076-421-4811

弁護士会名	住所	電話番号
広島	広島市中区上八丁堀 2-66	082-228-0230
山口県	山口市黄金町 2-15	083-922-0087
岡山	岡山市南方 1-8-29	086-223-4401
鳥取県	鳥取市東町 2-221	0857-22-3912
島根県	松江市母衣町 55-4 松江商工会議所ビル 7 階	0852-21-3225
福岡県	福岡市中央区城内 1-1	092-741-6416
佐賀県	佐賀市中の小路 4-16	0952-24-3411
長崎県	長崎市栄町 1-25 長崎 MS ビル 4 階	095-824-3903
大分県	大分市中島西 1-3-14	097-536-1458
熊本県	熊本市京町 1-13-11	096-325-0913
鹿児島県	鹿児島市易居町 2-3	099-226-3765
宮崎県	宮崎市旭 1-8-28	0985-22-2466
沖縄	那覇市楚辺 1-5-15	098-833-5545
仙台	仙台市青葉区一番町 2-9-18	022-223-1001
福島県	福島市山下町 4-24	024-534-2334
山形県	山形市七日町 2-7-10 NANA BEANS 8 階	023-622-2234
岩手	盛岡市大通り 1-2-1 サンビル 2 階	019-651-5095
秋田	秋田市山王 6-2-7	018-862-3770
青森県	青森市長島 1-3-1 日赤ビル 5 階	017-777-7285
札幌	札幌市中央区北一条西 10 札幌弁護士会館	011-281-2428
函館	函館市上新川町 1-3	0138-41-0232
旭川	旭川市花咲町 4	0166-51-9527
釧路	釧路市柏木町 4-3	0154-41-0214
香川県	高松市丸の内 2-22	087-822-3693
徳島	徳島市新蔵町 1-31	088-652-5768
高知	高知市越前町 1-5-7	088-872-0324
愛媛	松山市三番町 4 - 8 - 8	089-941-6279

司法書士会の相談窓口

会名	住所	電話番号
日本司法書士会連合会	東京都新宿区本塩町 9-3 司法書士会館 3F	03-3359-4171
札幌司法書士会	札幌市中央区大通西 13-4	011-281-3505
函館司法書士会	函館市千歳町 21-13 桐朋会館内 3F	0138-27-0726
旭川司法書士会	旭川市花咲町 4	0166-51-9058
釧路司法書士会	釧路市宮本 1-2-4	0154-41-8332
宮城県司法書士会	仙台市青葉区春日町 8-1	022-263-6755
福島県司法書士会	福島市新浜町 6-28	024-534-7502
山形県司法書士会	山形市緑町 1-4-35	023-623-7054
岩手県司法書士会	盛岡市本町通 2-12-18	019-622-3372
秋田県司法書士会	秋田市山王 6-3-4	018-824-0187
青森県司法書士会	青森市長島 3-5-16	017-776-8398
東京司法書士会	新宿区本塩町 9-3 司法書士会館 2F	03-3353-9191
神奈川県司法書士会	横浜市中区吉浜町 1	045-641-1372
埼玉司法書士会	さいたま市浦和区高砂 3-16-58	048-863-7861
千葉司法書士会	千葉市美浜区幸町 2-2-1	043-246-2666
茨城司法書士会	水戸市五軒町 1-3-16	029-225-0111
栃木県司法書士会	宇都宮市幸町 1-4	028-614-1122
群馬司法書士会	前橋市本町 1-5-4	027-224-7763
静岡県司法書士会	静岡市駿河区稲川 1-1-1	054-289-3700
山梨県司法書士会	甲府市北口 1-6-7	055-253-6900
長野県司法書士会	長野市妻科 399	026-232-7492
新潟県司法書士会	新潟市中央区古町通十三番町 5160	025-228-1589
愛知県司法書士会	名古屋市熱田区新尾頭 1-12-3	052-683-6683
三重県司法書士会	津市丸之内養正町 17-17	059-224-5171
岐阜県司法書士会	岐阜市金竜町 5-10-1	058-246-1568
福井県司法書士会	福井市春山 1-1-14 福井新聞さくら通りビル 2F	0776-30-0001

会名	住所	電話番号
石川県司法書士会	金沢市新神田 4-10-18	076-291-7070
富山県司法書士会	富山市神通本町 1-3-16 エスポワール神通 3F	076-431-9332
大阪司法書士会	大阪市中央区和泉町 1-1-6	06-6941-5351
京都司法書士会	京都市中京区柳馬場通夷川上ル 5-232-1	075-241-2666
兵庫県司法書士会	神戸市中央区楠町 2-2-3	078-341-6554
奈良県司法書士会	奈良市西木辻町 320-5	0742-22-6677
滋賀県司法書士会	大津市末広町 7-5 滋賀県司調会館 2F	077-525-1093
和歌山県司法書士会	和歌山市岡山丁 24 番地	073-422-0568
広島司法書士会	広島市中区上八丁堀 6-69	082-221-5345
山口県司法書士会	山口市駅通り 2-9-15	083-924-5220
岡山県司法書士会	岡山市富田町 2-9-8	086-226-0470
鳥取県司法書士会	鳥取市西町 1-314-1	0857-24-7013
島根県司法書士会	松江市南田町 26	0852-24-1402
香川県司法書士会	高松市西内町 10-17	087-821-5701
徳島県司法書士会	徳島市南前川町 4-41	088-622-1865
高知県司法書士会	高知市越前町 2-6-25 高知県司法書士会館	088-825-3131
愛媛県司法書士会	松山市南江戸 1-4-14	089-941-8065
福岡県司法書士会	福岡市中央区舞鶴 3-2-23	092-714-3721
佐賀県司法書士会	佐賀市中の小路 7-3	0952-29-0626
長崎県司法書士会	長崎市興善町 4-1 興善ビル 8F	095-823-4777
大分県司法書士会	大分市城崎町 2-3-10	097-532-7579
熊本県司法書士会	熊本市大江 4-4-34	096-364-2889
鹿児島県司法書士会	鹿児島市鴨池新町 1-3 司調センタービル 3F	099-256-0335
宮崎県司法書士会	宮崎市旭 1-8-39-1	0985-28-8538
沖縄県司法書士会	那覇市おもろまち 4-16-33	098-867-3526

日本司法支援センター（法テラス）の相談窓口

名称		所在地	電話番号
法テラスコール・センター　0570-078374《おなやみなし》			
本部	本部	東京都千代田区九段北 4-2-6　市ヶ谷ビル 6 階	050-3383-5333
	分室	東京都中野区本町 1-32-2　ハーモニータワー 8 階	050-3383-5333
北海道	札幌	札幌市中央区南一条西 11-1　コンチネンタルビル 8 階	050-3383-5555
	函館	函館市若松町 6-7　三井生命函館若松町ビル 5 階	050-3383-5560
	江差	檜山郡江差町字中歌町 199-5	050-3383-5563
	旭川	旭川市三条通 9-1704-1　住友生命旭川ビル 6 階	050-3383-5566
	釧路	釧路市大町 1-1-1　道東経済センタービル 1 階	050-3383-5567
東北	宮城	仙台市青葉区一番町 2-10-17　仙台一番町ビル 1 階	050-3383-5535
	福島	福島市北五老内町 7-5　イズム 37 ビル 3 階・4 階	050-3383-5540
	山形	山形市七日町 2-7-10　NANA BEANS8 階	050-3383-5544
	岩手	盛岡市大通 1-2-1　産業会館本館 2 階	050-3383-5546
	秋田	秋田市中通 5-1-5　北都銀行本店別館 6 階	050-3383-5550
	青森	青森市長島 1-3-1　日本赤十字社青森県支部ビル 2 階	050-3383-5552
関東	東京	新宿区四谷 1-4　四谷駅前ビル 1 ～ 3 階	050-3383-5300
	多摩	八王子市明神町 4-7-14　八王子ＯＮビル 4 階・6 階	050-3383-5310
	新宿	新宿区西新宿 1-18-8　新宿スカイビル 5 階	050-3383-5315
	上野	台東区上野 2-7-13　ＪＴＢ・損保ジャパン上野共同ビル 6 階	050-3383-5320
	池袋	豊島区東池袋 1-35-3　池袋センタービル 6 階	050-3383-5321
	渋谷	渋谷区渋谷 3-10-13　渋谷Ｒサンケイビル 8 階	050-3383-5325
	立川	立川市曙町 2-37-7　コアシティ立川ビル 11 階	050-3383-5327
	霞が関	千代田区霞が関 1-1-3　弁護士会館 3 階	050-3383-5330
	神奈川	横浜市中区山下町 2　産業貿易センタービル 10 階	050-3383-5360
	川崎	川崎市川崎区駅前本町 11-1　川崎イーストワンビル 10 階	050-3383-5366
	小田原	小田原市本町 1-4-7　朝日生命小田原ビル 5 階	050-3383-5370
	埼玉	さいたま市浦和区高砂 3-17-15	050-3383-5375
	川越	川越市脇田本町 10-10　ＫＪビル 3 階	050-3383-5377
	熊谷	熊谷市宮町 1-41　宮町ビル埼玉弁護士会熊谷支部会館 2 階	050-3383-5380
	千葉	千葉市中央区中央 4-8-1　千葉フコク生命ビル 8 階	050-3383-5381

	名称	所在地	電話番号
関東	松戸	松戸市松戸 1879-1　松戸商工会議所会館 3 階	050-3383-5388
	茨城	水戸市大町 3-4-36　大町ビル 3 階	050-3383-5390
	下妻	下妻市小野子町 1-66　ＪＡ常総ひかり県西会館 1 階	050-3383-5393
	栃木	宇都宮市本町 4-15　宇都宮ＮＩビル 2 階	050-3383-5395
	群馬	前橋市千代田町 2-5-1　前橋テルサ 5 階	050-3383-5399
	静岡	静岡市葵区追手町 9-18　静岡中央ビル 2 階・11 階	050-3383-5400
	沼津	沼津市三園町 1-11	050-3383-5405
	浜松	浜松市中区中央 1-2-1　イーステージ浜松オフィス 4 階	050-3383-5410
	山梨	甲府市中央 1-12-37　ＩＲＩＸビル 1 階・2 階	050-3383-5411
	長野	長野市新田町 1485－1　長野市もんぜんぷら座 4 階	050-3383-5415
	松本	松本市丸の内 3-7　松本市役所東庁舎 4 階	050-3383-5417
	新潟	新潟市中央区東中通一番町 86-51　新潟東中通ビル 2 階	050-3383-5420
	佐渡	佐渡市河原田本町 394　佐渡市佐和田支所 2 階	050-3383-5422
中部・北陸	愛知	名古屋市中区栄 4-1-8　栄サンシティービル 15 階	050-3383-5460
	三河	岡崎市康生通西 3-5　森岡崎ビル 2 階	050-3383-5465
	三重	津市丸之内 34-5　アクサ津ビル	050-3383-5470
	岐阜	岐阜市美江寺町 1-27　第一住宅ビル 2 階	050-3383-5471
	福井	福井市宝永 4-3-1　三井生命福井ビル 2 階	050-3383-5475
	石川	金沢市橋場町 1-8	050-3383-5477
	富山	富山市長柄町 3-4-1　富山県弁護士会館 1 階	050-3383-5480
近畿	大阪	大阪市北区西天満 1-12-5　大阪弁護士会館Ｂ 1 階	050-3383-5425
	堺	堺市堺区南花田口町 2-3-20　住友生命堺東ビル 6 階	050-3383-5430
	京都	京都市中京区河原町通三条上ル恵比須町 427 京都朝日会館 9 階	050-3383-5433
	兵庫	神戸市中央区東川崎町 1-1-3　神戸クリスタルタワービル 13 階	050-3383-5440
	阪神	尼崎市七松町 1-2-1　フェスタ立花北館 5 階	050-3383-5444
	姫路	姫路市北条 1-408-5　光栄産業㈱第 2 ビル	050-3383-5447
	奈良	奈良市高天町 38-8　近鉄高天ビル 6 階	050-3383-5450
	滋賀	大津市浜大津 1-2-22　大津商中日生ビル 5 階	050-3383-5454
	和歌山	和歌山市十番丁 15　市川ビル 2 階	050-3383-5457

名称		所在地	電話番号
中国	広島	広島市中区八丁堀2-31　広島鴻池ビル1階・6階	050-3383-5485
	山口	山口市大手町9-11 山口県自治会館5階	050-3383-5490
	岡山	岡山市弓之町2-15　弓之町シティセンタービル2階	050-3383-5491
	鳥取	鳥取市西町2-311　鳥取市福祉文化会館5階	050-3383-5495
	倉吉	倉吉市山根572　サンク・ピエスビル202号室	050-3383-5497
	島根	松江市南田町60	050-3383-5500
四国	香川	高松市寿町2-3-11　高松丸田ビル8階	050-3383-5570
	徳島	徳島市新蔵町1-31　徳島弁護士会館4階	050-3383-5575
	高知	高知市本町4-1-37　丸ノ内ビル2階	050-3383-5577
	須崎	須崎市新町2-3-26	050-3383-5579
	愛媛	松山市一番町4-1-11　共栄興産一番町ビル4階	050-3383-5580
九州・沖縄	福岡	福岡市中央区渡辺通5-14-12　南天神ビル4階	050-3383-5501
	北九州	北九州市小倉北区魚町1-4-21　魚町センタービル5階	050-3383-5506
	佐賀	佐賀市駅前中央1-4-8　太陽生命佐賀ビル3階	050-3383-5510
	長崎	長崎市栄町1-25　長崎ＭＳビル1階・2階	050-3383-5515
	佐世保	佐世保市島瀬町4-19　バードハウジングビル402	050-3383-5516
	壱岐	壱岐市郷ノ浦町郷ノ浦174　吉田ビル3階	050-3383-5517
	大分	大分市城崎町2-1-7	050-3383-5520
	熊本	熊本市花畑町7-10　熊本市産業文化会館	050-3383-5522
	鹿児島	鹿児島市中町11-11　ＭＹ鹿児島第2ビル5階	050-3383-5525
	鹿屋	鹿屋市打馬1-13-4	050-3383-5527
	宮崎	宮崎市旭1-2-2　宮崎県企業局3階	050-3383-5530
	沖縄	那覇市楚辺1-5-17　プロフェスビル那覇2・3階	050-3383-5533

全国クレジット・サラ金被害者連絡協議会に所属する被害者の会の相談窓口

（相談窓口欄に○印のある団体は相談 OK。2007 年 7 月 30 日現在）

	団体名／住所	TEL	相談 ○=OK
会長　澤口宣男（夜明けの会）　桶川市朝日 2-12-23		048-774-2862	
事務局長　本多良男（太陽の会）　千代田区内神田 2-7-2		03-5207-5507	
北海道連絡会	1 じゃがもも道場 札幌市北区北三十条西 7-2-16 札幌北部民商内	011-758-0371	
北海道連絡会	2 札幌 陽は昇る会（札幌クレ・サラ被害をなくす会） 札幌市中央区南一条東四丁目 児玉健次事務所内	011-232-8605	○
北海道連絡会	3 たんぽぽの会（帯広十勝クレ・サラ被害をなくす会） 帯広市西二四条南 2-5-166	0155-37-7119	○
北海道連絡会	4 はまなすの会　釧路市南大通 3-3-16 ミナミハイツ 102 号	0154-43-2885	○
東北	5 みやぎ青葉の会 仙台市青葉区一番町 17-20 グランドメゾン 502	022-711-6225	○
東北	6 岩手県商工団体連合会・宮古民主商工会・ウミネコ道場 宮古市緑が丘 3-31 宮古民商内	0193-63-1346	○
東北	7 みちのく道場　奥州市江刺区稲瀬字広岡 222-215	0197-35-5658	○
東北	8 盛岡クレ・サラ商工ローン・ヤミ金被害者の会 盛岡市本町通 1-15-27 石川法律事務所気付	019-623-2414	○
東北	9 秋田クレジット・サラ金・悪徳商法被害をなくす会（秋田なまはげの会）　秋田市山王 6-7-13 秋日ビル 1 階	018-862-2253	○
東北	10 いわき市クレジット・サラ金問題対策協議会 いわき市平字六町目 5-12 いわき民商会館内	0246-24-1144	○
東北	11 福島県クレジット・サラ金・商工ローン被害対策連絡会 福島市野田町 6-7-14 ＳＴビル福島県商工団体連合会	0425-33-5524	
関東甲信越	12 桐生ひまわりの会　桐生市相生町 23-121	0277-55-1400	○
関東甲信越	13 前橋ケヤキの会　前橋市古市町 1-2-20	027-251-4378	○
関東甲信越	14 足利地区クレ・サラ被害者の会 足利市山川町 97-2 足利民商内	0284-42-8545	
関東甲信越	15 新潟あゆみの会　新潟市沼垂西 3-10-14 新潟民商内	025-243-0141	○
関東甲信越	16 ながのコスモスの会 長野市西後町 625-6 ヤマニビル 3 階	026-238-6330	○
関東甲信越	17 中南信コスモスの会 岡谷市本町 2-6-47　（信州しらかば法律事務所内）	0266-23-2270	○
関東甲信越	18 東信コスモスの会 上田市中央 4-9-7	0267-64-8786	○

	団体名／住所	TEL	相談 ○=OK
首都圏連絡会	首都圏連絡会　港区六本木 7-8-25	03-3479-0946	
	19 太陽の会　千代田区内神田 2-7-2 育文社ビル 3 階	03-5207-5520	○
	20 はばたきの会（豊島クレサラ対協） 豊島区目白 3-28-4	03-3950-6018	○
	21 中野こだまの会　中野区新井 2-24-1 中野民商内	03-3387-3341	○
	22 玉川 雑草の会　世田谷区中町 5-17-3 玉川民商内	03-3703-5371	○
	23 川の手市民の会 足立区千住旭町 19-7 シティハイムＳＵＺＵＫＩ	03-3870-7811	○
	24 再起の会（三多摩クレサラ対策協議会） 調布市布田 4-19-1 ライオンズプラザ調布 202 調布みなみ司法書士事務所内	0424-86-5520	○
	25 大地の会（東京）　千代田区内神田 2-7-2 育文社ビル 3 階	03-3251-7555	○
	26 船橋（菜の花の会）（千葉クレ・サラ対協） 船橋市湊町 1-1-15 船橋弁護士ビル 6 階	047-495-5077	○
	27 あさひ会（千葉県クレ・サラ被害者の会） 千葉市若葉区大宮町 2178-11 近藤方	043-265-4430	
	28 ちば菜の花の会 千葉市中央区市場町 4-14-1　千葉不動産ビル 3 階Ｂ	043-443-2435	○
	29 しおさいの会（横須賀クレジット・サラ金被害をなくす会） 横須賀市小川町 12 番 荒木ビル 1 階	0468-25-2008	○
	30 ヨコハマかもめ会 横浜市港南区上大岡西 2-6-30 マルヨビル 2 階	045-847-1708	○
	31 横浜南クレサラネット市民の会 横浜市戸塚区戸塚 3929	045-861-3009	○
	32 川崎クレ・サラ・ネット市民の会 川崎市多摩区登戸新町 447 番ＲＴビル 303	044-911-9450	
	33 夜明けの会 桶川市朝日 2-12-23	048-774-2862	○
	34 ＮＰＯ法人さやま・あすなろ会 狭山市東三ツ木 2-16 天都ビル 203 号	042-955-6717	○
東海・北陸	35 クレジット・サラ金被害をなくす会（静岡ふじみの会） 静岡市葵区駿府町 1-56 山梨ビル 2 階	054-270-4955	○
	36 愛知 かきつばたの会 名古屋市北区山田町 1-30 すずやマンション大曽根 2 階	052-916-9131	○
	37 西濃れんげの会　大垣市久徳町 560 番地	0584-92-3307	○

	団体名／住所	TEL	相談 ○=OK
東海・北陸	38 岐阜れんげの会　岐阜市則武西 2-1-17	058-294-5900	○
	39 滋賀県クレジット・サラ金被害をなくす会 大津市京町 3-4-12 アーバン 21 滋賀第一法律事務所	077-522-2118	○
	40 NPO法人 金沢あすなろ会 金沢市西念 2-25-20 ハイツシンホォニー 203 号	076-262-3454	○
	41 福井クレジット・サラ金・悪徳商法被害をなくす会（福井まんさくの会）　福井市春山 1-3-22	0776-88-0121	○
	42 三重はなしょうぶの会 四日市市新正 4-15-7 四日市民主商工会気付	0593-26-3856	○
関西・近畿	43 いちょうの会（大阪クレ・サラ被害者の会） 大阪市北区西天満 4-2-7 昭栄ビル 2 階	06-6361-0546	○
	44 クレ・サラ・商工ローンの被害をなくす吹田市民の会 さざなみ　吹田市川園町 20-1 吹田民商内	06-6383-2211	○
	45 竹の子の会 岸和田市沼町 13-21 双陽ビル 阪南法律事務所内	0724-38-7734	
	46 尼崎あすひらく会 尼崎市名神町 1-9-1 尼崎民主共同センター内	06-6426-7243	○
	47 神戸あすひらく会　神戸市長田区五番町 2-3-20	078-578-1869	○
	48 クレジット・サラ金被害者宝塚会 スプーンの会 宝塚市三笠町 1-9 宝塚民商内	0797-84-7829	○
	49 あざみの会 和歌山市小松原通り 5-15 ＩＫＥＪＩＬＩビル 2 楷	073-424-6300	○
	50 平安の会　京都市中京区東洞院三条下る三文字 200 ミックナカムラ 204	075-212-2300	○
	51 奈良クレジット・サラ金・悪徳商法被害をなくす会（奈良若草の会） 奈良市内侍原町 6 番地 奈良県林業会館 2 階 26 号室	0742-25-0525	○
中国・四国	52 岡山つくしの会 岡山市南方 1-5-2 奥村ビル 4 階 能海司法書士事務所内	086-222-2750	
	53 倉敷つくしの会　倉敷市美和 2-5-10	086-424-8029	○
	54 津山つくしの会　津山市上河原 232-5 弥生ビル 3 階	−	
	55 真庭つくしの会　真庭市久世町 5253	0867-42-0443	○
	56 広島つくしの会　広島市中区上八丁堀 8-6 長束ビル	082-221-6433	○
	57 福山つくしの会　福山市東町 2-3-23	084-924-5070	○

	団体名／住所	TEL	相談 ○=OK
中国・四国	58 呉つくしの会 呉市中央 3-2-27 島崎法律事務所ビル 1 階	0823-22-7265	○
	59 尾道つくしの会　尾道市西御所町 1-27	0848-23-8229	○
	60 三次つくしの会　三次市十日市中 3-15-30	0824-63-3460	○
	61 松江つくしの会　松江市灘町 116 松江民商内	0852-25-3456	○
	62 米子クレ・サラ・ヤミ金被害対策協議会（しろがねの会） 米子市博労町 3-90 米子民商内	0859-38-0360	○
	63 高松あすなろの会　高松市今里町 2 丁目 29-15 3 F	087-834-6661	○
	64 松山たちばなの会　松山市北立花町 6-1	089-935-7278	○
	65 宇和島たちばなの会　宇和島市和霊元町 3-4-25	0895-26-6451	○
	66 藍の会（徳島クレジット・サラ金被害をなくす会） 徳島市佐古四番町 7-2	088-622-1268	○
九州・沖縄	67 しらぬひの会（大牟田クレ・サラ問題を解決する会） 大牟田市不知火町 2-1-8 不知火合同法律事務所内	0944-52-4331	○
	68 ひこばえの会（福岡クレ・サラ被害をなくす会） 福岡市中央区大名 2-2-51 コーポラス吉田 501 号	092-761-8475	○
	69 門司めかり会（門司クレ・サラ被害をなくす会） 北九州市門司区大里東 4-12-23	093-391-2894	
	70 小倉めかり会（小倉クレ・サラ被害をなくす会） 北九州市小倉北区足原 2-7-16	093-922-8272	○
	71 八幡めかり会　北九州市八幡西区光明一丁目 7-10	093-603-2739	○
	72 京築めかり会 行橋市大橋 2-18-20 京築民主会館内	0930-23-0977	○
	73 筑豊地区サラ金問題対策協議会 飯塚市新飯塚 20-25 T S ビル 筑豊合同法律事務所内	0948-25-5903	○
	74 おんがの会（筑豊クレ・サラ被害をなくす会） 直方市新町 3-3-42 吉村拓法律事務所内	0949-25-0411	○
	75 久留米クレサラ被害をなくすネットワーク 久留米市城南町 12-22　（矢ヶ部公治事務所内）	0942-34-9333	○
	76 田川めかり会 田川郡川崎町山下通 227-13 河野様方	0947-72-7356	○
	77 九千部道場 鳥栖市今泉町 2152-23 鳥栖民商内	0942-83-7648	○

	団体名／住所	TEL	相談 ○=OK
九州・沖縄	78 長崎あじさいの会 長崎市桜町 5-6 森ビル 1 階	095-822-0610	○
	79 NPO法人大分クレ・サラ被害者の会「まなびの会」 大分市中島西 1-3-19 安部ビル 107 号室	097-534-8174	○
	80 大分どんこ道場　大分市牧 1-23-1 大分民商内	097-503-1319	○
	80 麦ふみ会 宮崎市別府町 6-1 ひまわりビル 2 階松田共同法律事務所	0985-26-4656	
	82 熊本クレジットサラ金日掛被害をなくす会（大地の会） 熊本市安政町 2-32 岡上ビル 503 号	096-351-7400	○
	83 鹿児島くすのきの会 鹿児島市山下町 12-12 一二三ビル 201 号	099-226-1725	○
	84 沖縄クレジット・サラ金被害をなくす会 那覇市壺屋 2-5-7 宮里徳男事務所内	098-836-4851	○

消費生活センターの相談窓口

センター名	所在地	電話
北海道立消費生活センター	札幌市中央区北3条西7丁目 北海道庁別館西棟	050-7505-0999
札幌市消費者センター	札幌市北区北8条西3丁目 札幌エルプラザ2階	011-728-2121
青森県消費者生活センター	青森市中央3丁目20-30 県民福祉プラザ5階	017-722-3343
岩手県民生活センター	岩手県盛岡市中央通3-10-2	019-624-2209
宮城県消費生活センター	仙台市青葉区錦町1-1-20 宮城県婦人会館1階	022-261-5161
仙台市消費生活センター	仙台市青葉区一番町4-11-1	022-268-8305
秋田県生活センター	秋田市中通2-3-8 アトリオン7階	018-835-0999
山形県消費者生活センター	山形市十日町1-6-6	023-624-0999
福島県消費生活センター	福島県福島市中町8-2号福島県自治会館1階	024-521-0999
茨城県消費者生活センター	水戸市柵町1-3-1 水戸合庁2F	029-225-6445
栃木県消費生活センター	宇都宮市野沢町4-1 パルティ・とちぎ男女共同参画センター内	028-665-7744
群馬県消費生活センター	前橋市大手町1-1-1 群馬県庁2階	027-223-3001
埼玉県消費生活支援センター	川口市上青木3-12-18SKIPシティA1街区2階	048-261-0999
さいたま市消費生活総合センター	さいたま市大宮区錦町682-2JACK大宮17階	048-645-3421
千葉県消費者センター	船橋市高瀬町66-18	047-434-0999
千葉市消費生活センター	千葉市中央区弁天1-25-1 暮らしのプラザ2階	043-207-3000
東京都消費生活総合センター	新宿区神楽河岸1-1 セントラルプラザ16階	03-3235-1155
かながわ中央消費生活センター	横浜市神奈川区鶴屋町2-24-2 かながわ県民センター内	045-312-1121
横浜市消費生活総合センター	横浜市港南区上大岡西1-6-1 ゆめおおおかオフィスタワー4階	045-845-6666
川崎市消費者行政センター	川崎市川崎区砂子1-10-2 ソシオ砂子ビル6階	044-200-3030
新潟県消費生活センター	新潟市上所2-2-2 新潟ユニゾンプラザ	025-285-4196
富山県消費生活センター	富山市湊入船町6-7 富山県民共生センター内	076-432-9233
石川県消費生活支援センター	金沢市戸水2-30	076-267-6110
福井県消費生活センター	福井市手寄1-4-1AOSSA 7階	0776-22-1102
山梨県県民生活センター	甲府市丸の内1-8-5 県民情報プラザ2階	055-235-8455

センター名	所在地	電話
長野県長野消費生活センター	長野市大字中御所字岡田 98-1	026-223-6777
岐阜県県民生活相談センター	岐阜市薮田南 5-14-53 県民ふれあい会館 1 棟 5 階	058-277-1003
静岡県中部県民生活センター	静岡市駿河区南町 14-1 水の森ビル 3 階	054-202-6006
愛知県中央県民生活プラザ	名古屋市中区三の丸 3-1-2 自治センター 1・2・3 階	052-962-0999
名古屋市消費生活センター	名古屋市中区栄 1-23-13 伏見ライフプラザ 11 階	052-222-9671
三重県消費生活センター	津市栄町 1-954 三重県栄町庁舎 3F	059-228-2212
滋賀県立消費生活センター	彦根市元町 4-1	0749-23-0999
京都府消費生活安全センター	京都市南区新町通九条下ル 京都テルサ内	075-671-0044
京都市文化市民局 市民総合相談課（市民生活センター）	京都市中京区烏丸御池東南角アーバネックス御池ビル西館 4 階	075-256-0800
大阪府消費生活センター	大阪市中央区大手前 1-7-31 大阪マーチャンダイズ・マートビル 1 階	06-6945-0999
大阪市消費者センター	大阪市住之江区南港北 2-1-10 アジア太平洋トレードセンター ITM 棟 3 階	06-6614-0999
兵庫県立神戸生活創造センター	神戸市中央区東川崎町 1-1-3 神戸クリスタルタワー 5 階	078-360-0999
神戸市生活情報センター	神戸市中央区橘通 3-4-1	078-371-1221
奈良県食品・生活相談センター	奈良市登大路町 10-1	0742-26-0931
和歌山県消費生活センター	和歌山市西汀丁 26 和歌山県経済センター内	073-433-1551
鳥取県生活環境部消費生活センター	米子市末広町 294 米子コンベンションセンター 4 階	0859-34-2648
岡山県消費者生活センター	岡山市南方 2-13-1 岡山県総合福祉・ボランティア・NPO 会館（5 階）	086-226-0999
広島県県民生活部総務管理局消費生活室（広島県生活センター）	広島市中区基町 10-52	082-223-6111
広島市消費生活センター	広島市中区基町 6-27 アクア広島センター街 8 階	082-225-3300
山口県消費生活センター	山口市葵 2-6-2	083-924-0999
徳島県消費者情報センター	徳島市西新町 2-5	088-623-0611

センター名	所在地	電話
香川県消費生活センター	高松市松島町 1-17-28 高松合同庁舎内	087-833-0999
愛媛県消費生活センター	松山市山越町 450 愛媛県女性総合センター 1 階	089-925-3700
高知県立消費生活センター	高知市旭町 3-115 こうち男女共同参画センター 2 階	088-824-0999
福岡県消費生活センター	福岡市博多区吉塚本町 13-50 吉塚合同庁舎 1 階	092-632-0999
北九州市立消費生活センター	北九州市戸畑区汐井町 1-6 ウェルとばた 7 階	093-861-0999
福岡市消費生活センター	福岡市中央区舞鶴 2-5-1 あいれふ 7 階	092-781-0999
佐賀県くらしの安全安心課（佐賀県消費生活センター）	佐賀市天神 3-2-11 アバンセ内	0952-24-0999
長崎県消費生活センター	長崎市大黒町 3-1　長崎交通産業ビル 4 階	095-824-0999
熊本県消費生活センター	熊本市水道町 14-15	096-354-4835
大分県消費生活・男女共同参画プラザ	大分市東春日町 1-1	097-534-0999
宮崎県消費生活センター	宮崎市江平西 2-1-20	0985-25-0999
鹿児島県消費生活センター	鹿児島市名山町 4-3	099-224-0999
沖縄県県民生活センター	那覇市西 3-11-1 沖縄県三重城合同庁舎（てぃるる）4 階	098-863-9214
国民生活センター消費生活相談（窓口）	東京都港区高輪 3-13-22	03-3446-0999
日本クレジットカウンセリング協会	東京都新宿区新宿 1-15-9 さわだビル 4 階	03-3226-0121

全国の地方裁判所の連絡先

ここでは全国各地の地方裁判所を掲載した。地方裁判所の支部は省略しているので確認していただきたい。

裁判所名	所在地	電話
東京地方裁判所	東京都千代田区霞が関 1-1-4	03-3581-5411
横浜地方裁判所	横浜市中区日本大通り 9	045-201-9631
さいたま地方裁判所	さいたま市浦和区高砂 3-16-45	048-863-4111
千葉地方裁判所	千葉市中央区中央 4-11-27	043-222-0165
水戸地方裁判所	水戸市大町 1-1-38	029-224-0011
宇都宮地方裁判所	宇都宮市小幡 1-1-38	028-621-2111
前橋地方裁判所	前橋市大手町 3-1-34	027-231-4275
静岡地方裁判所	静岡市葵区追手町 10-80	054-252-6111
甲府地方裁判所	甲府市中央 1-10-7	055-235-1131
長野地方裁判所	長野市旭町 1108	026-232-4991
新潟地方裁判所	新潟市中央区学校町通一番町 1	025-222-4131
大阪地方裁判所	大阪市北区西天満 2-1-10	06-6363-1281
京都地方裁判所	京都市中京区丸太町通柳馬場東入菊屋町	075-211-4111
神戸地方裁判所	神戸市中央区橘通 2-2-1	078-341-7521
奈良地方裁判所	奈良市登大路町 35	0742-26-1271
大津地方裁判所	大津市京町 3-1-2	077-522-4281
和歌山地方裁判所	和歌山市二番丁 1	0734-22-4191
名古屋地方裁判所	名古屋市中区三の丸 1-4-1	052-204-1611
津地方裁判所	津市中央 3-1	059-226-4171
岐阜地方裁判所	岐阜市美江寺町 2-4-1	058-262-5121
福井地方裁判所	福井市春山 1-1-1	0776-22-5000
金沢地方裁判所	金沢市丸の内 7-2	076-262-3221
富山地方裁判所	富山市西田地方町 2-9-1	076-421-6131
広島地方裁判所	広島市中区上八丁堀 2-43	082-228-0421
山口地方裁判所	山口市駅前通り 1-6-1	0839-22-1330

裁判所名	所在地	電話
岡山地方裁判所	岡山市南方 1-8-42	086-222-6771
鳥取地方裁判所	鳥取市東町 2-223	0857-22-2171
松江地方裁判所	松江市母衣町 68	0852-23-1701
福岡地方裁判所	福岡市中央区城内 1-1	092-781-3141
佐賀地方裁判所	佐賀市中の小路 3-22	0952-23-3161
長崎地方裁判所	長崎市万才町 9-26	095-822-6151
大分地方裁判所	大分市荷揚町 7-15	097-532-7161
熊本地方裁判所	熊本市京町 1-13-11	096-325-2121
鹿児島地方裁判所	鹿児島市山下町 13-47	099-222-7121
宮崎地方裁判所	宮崎市旭 2-3-13	0985-23-2261
那覇地方裁判所	那覇市樋川 1-14-1	098-855-3366
仙台地方裁判所	仙台市青葉区片平 1-6-1	022-222-6111
福島地方裁判所	福島市花園町 5-45	024-534-2156
山形地方裁判所	山形市旅籠町 2-4-22	023-623-9511
盛岡地方裁判所	盛岡市内丸 9-1	019-622-3165
秋田地方裁判所	秋田市山王 7-1-1	018-824-3121
青森地方裁判所	青森市長島 1-3-26	0177-22-5351
札幌地方裁判所	札幌市中央区大通西 11	011-231-4200
函館地方裁判所	函館市上新川町 1-8	0138-42-2151
旭川地方裁判所	旭川市花咲町 4	0166-51-6251
釧路地方裁判所	釧路市柏木町 4-7	0154-41-4171
高松地方裁判所	高松市丸の内 1-36	087-851-1531
徳島地方裁判所	徳島市徳島町 1-5	088-652-3141
高知地方裁判所	高知市丸の内 1-3-5	088-822-0340
松山地方裁判所	松山市一番町 3-3-8	089-941-4151

クレジット・サラ金事件（債務整理事件）の弁護士費用基準（東京三弁護士会）

1．任意整理

(1) 着手金

(a) 債権者1社から2社までの場合　52,500円

(b) 債権者3社以上の場合　21,000円×債権者数

但し、同一債権者でも別支店の場合は別債権者とする。

(2) 報奨金

1債権者について21,000円に下記金額を加算した金額を上限とする。個々の債権者と和解が成立する都度、当該債権者に対する報酬金を請求することができる。

(a) 減額報酬金

債権者主張の元金請求を免れたときは、請求を免れた元金額の10.5％相当額（含消費税）

(b) 過払報酬金

過払金の返還を受けたときは、前記の（a）の減額報酬金の外に、交渉によるときは返還を受けた過払金の21％相当額、訴訟によるときには（訴訟上の和解を含む。）返還を受けた過払額の25.2％相当額の過払金報酬金（含消費税）

(3) 分割弁済金代理送付手数料

金融機関の送金手数料を含め、1件1回1,000円を上限とする。

(4) 任意整理が終了した後、再度支払条件等の変更につき各債権者と交渉せざるを得なくなったときは、当初の委任契約と別契約とする。

(5) 前各項にかかわらず、債権者の中に商工ローン業者（中小事業者に対して比較的多額の高金利貸付を主要な業務内容とする貸金業者）が含まれる任意整理事件については、商工ローン業者1社について52,500円として、（1）の着手金及び（2）の報酬金を算定し、かつ、着手金の最低額は、105,000円とする。

1．の2．違法高利業者の任意整理

(1) 着手金

(a) 債権者1社から2社までの場合　52,500円

(b) 債権者3社から10社までの場合　21,000円×債権者数

(c) 債権者11社から50社の場合　210,000円＋11社以上の債権者数×10,500円

(d) 債権者51社以上の場合　630,000円＋51社以上の債権者数×5,250円

なお、依頼者が商人であり、高利業者が小切手債権者の場合は、第1項の基準を適用する（1社21,000円）。

(2) 報奨金は、合意書・判決等で権利義務関係を確定させた場合のみに発生するものとし、かつ、減額報酬金・過払金報酬金のみとする。

(3) 刑事告訴を行い、かつ、警察署と具体的な折衝をしたり、建物の不法占拠の状況調査などのために事務所外に出向いた場合、出張手当として1日当たり、10,500円（但し、合計52,500円を限度とする。）を加算する。

2. 自己破産

(1) 着手金

(a) 債務金額が1,000万円以下の場合　債権者数に応じて次の金額とする。

10社以下	210,000円以内
11社から15社まで	262,500円以内
16社以上	315,000円以内

(b) 債務金額が1,000万円を超える場合

債権者数にかかわらず420,000円以内

(c) 夫と妻、親と子等関係ある複数人からの受任で、同一裁判所での同時進行手続の場合、1人当たりの金額は、(a) については52,500円を、(b) については、105,000円を各々減額した金額以内とする。会社と代表者個人の双方から受任する場合の代表者個人についても同様とする。

(2) 報酬金

免責決定が得られた場合にのみ、前記の着手金基準を上限として受領でき

る。また、過払金の返還を受けたときには、交渉による場合、訴訟による場合の区別により、第1項（2）（b）の過払金報酬金を請求できる。

(3) 任意整理から自己破産へ移行した場合

① 任意整理案の提示前に自己破産に移行せざるを得なくなったときは、自己破産の着手金のみ受領できるものとし、任意整理の着手金との過不足を清算する。

② 任意整理案の提示後、任意整理完了前に自己破産に移行せざるを得なくなったときは、任意整理の着手金及び報酬金と別途に自己破産の着手金を受領できるものとする。但し、自己破産に移行せざるを得なくなった事情に応じて、着手金の相当額を減額することができる。

3．個人再生

(1) 着手金

(a) 住宅資金特別条項を提出しない場合　　315,000円以内

(b) 住宅資金特別条項を提出する場合　　420,000円以内

(2) 報酬金

(a) 債権者数が15社までで事案簡明な場合　　210,000円以内

(b) 債権者数が15社までの場合　　315,000円以内

(c) 債権者数が16社～30社の場合　　420,000円以内

(d) 債権者数が31社以上の場合　　525,000円以内

但し、月額報酬を受領した場合は、前記の報酬金額から月額報酬を控除した残額のみを報酬金とする。

(3) 分割弁済金代理送付手数料

金融機関の送金手数料を含め、1件1回1,000円を上限とする。

(4) 交渉または訴訟によって過払金を回収したときは、過払金報酬金を請求できる。

4．日当

(1) 応訴の場合（任意整理、自己破産、個人再生に共通）

債権者からの提訴に対する応訴の必要上、弁護士が裁判所に出頭する場合、1回10,500円以内の日当を受領することができる。

但し、1債権者についての日当合計上限は31,500円とする。

裁判所が遠隔地の場合の日当は、通常の報酬基準による。

(2) 自己破産、個人再生

申立裁判所が遠隔地の場合、申立裁判所への出頭1回につき21,000円以内の日当を受領することができる。

5.実費

交通費、通信費、予納金、コピー代等受任事件処理に必要な実費は、別途受領することができる。また消費税は外税として受領できる。

6.日本クレジットカウンセリング協会（JCCA）取扱い中の案件について、応訴ないし訴訟上の和解処理の依頼がなされた場合は、着手金と報酬金は、1債権者1件各21,000円とし、別に前記4の日当（前記4（1）の但し書の制限つき）及び5の実費を受領することができる。

但し、長期化した場合には、依頼者と協議の上、報酬金を決定する。

7.債権者に対し慰謝料請求訴訟等を提起し、差押・仮差押に対抗するための提訴・申立等を行う場合は、当事者が協議の上で別途定めるものとする。

8.注意規定

弁護士報酬（着手金及び報酬金）は、依頼者の資力を考慮して、金額、支払時期、方法を決定するものとし、いやしくも、弁護士報酬の定めが依頼者の経済的更正を妨げるものとなってはならない。

（標記金額はすべて消費税を含んでいます）

宇都宮 健児（うつのみや　けんじ）
1946 年　愛媛県に生まれる
1969 年　東京大学法学部を中退、司法研修所入所
1971 年　弁護士登録、東京弁護士会所属
以後、日弁連消費者問題対策委員会委員長、日弁連上限金利引き下げ実現本部本部長代行、東京弁護士会副会長、豊田商事破産事件破産管財人常置代理人、ＫＫＣ事件・オレンジ共済事件被害対策弁護団団長などを歴任
現　在　内閣に設置された多重債務者対策本部有識者会議委員、日弁連多重債務対策本部本部長代行、全国クレジット・サラ金問題対策協議会副代表幹事、高金利引き下げ・多重債務対策全国連絡会代表幹事、全国ヤミ金融対策会議代表幹事、地下鉄サリン事件被害対策弁護団団長、オウム真理教犯罪被害者支援機構理事長、八葉物流事件被害対策弁護団団長、反貧困ネットワーク代表
著　書　『消費者金融　実態と救済』（岩波新書）、『多重債務被害救済の実態』（編著　勁草書房）、『ヤミ金・サラ金問題と多重債務者の救済――返さなくてもよい借金がある』（明石書店）、『自己破産と借金整理法』（自由国民社）、『イラスト六法　わかりやすい自己破産』（自由国民社）、『だれでもわかる自己破産の基礎知識――借金地獄からの脱出法』（花伝社）、『ヤミ金融撃退マニュアル』（花伝社）『もうガマンできない！広がる貧困――人間らしい生活の再生を求めて』（編著　明石書店）　など

事務所　東京市民法律事務所
〒104-0061 東京都中央区銀座 6-12-15　西山ビル 7 階
TEL 03-3571-6051　FAX 03-3571-9379

多重債務の正しい解決法――解決できない借金問題はない
2007年11月20日　　初版第 1 刷発行

著者 ――宇都宮健児
発行者 ―平田　勝
発行 ――花伝社
発売 ――共栄書房
〒101-0065　東京都千代田区西神田2-7-6 川合ビル
電話　　03-3263-3813
FAX　　03-3239-8272
E-mail　kadensha@muf.biglobe.ne.jp
URL　　http://kadensha.net
振替　　00140-6-59661
装幀 ――テラカワアキヒロ
イラスト―森田人志（イラストレータズ モコ）
印刷・製本 －中央精版印刷株式会社

ISBN978-4-7634-0505-0 C0036